幼稚園と保育所は一つになるのか

──就学前教育・保育の課程と子どもの発達保障──

藤永 保
Fujinaga Tamotsu

萌文書林
Houbunshorin

幼稚園と保育所は一つになるのか

――就学前教育・保育の課程と子どもの発達保障――

まえがき・目次

まえがき

本書は、筆者が『エデュ・ケア21』誌上に発表した論考10編をまとめて関係者に頒布した同誌臨時増刊号を全体にわたって修正加筆し、さらに後に述べる要望に応えて必要な第1部の2章と3章、第3部の5章分を新しく書き足して、一書に仕上げたものである。

『エデュ・ケア21』は、エデュ・ケア21研究会の機関紙として創刊され、幼児教育（保育）界では知らない人のない練達の編集者米野宗禎氏が編集の労を取ってきた。まともな幼児教育雑誌はとうに姿を消して久しく、最近の保育者は勉強しないと嘆かれる一因にもなっている。保育所のアドバイザーを務めている筆者としては、そんなことはないといいたいし、昨今の大学生はろくに本も読まないといわれるのと同断とも思う。しかし、携帯情報端末の拡大など、メディアの多様化によって、活字文化がもはやマスメディアの王座を譲ったことは否定すべくもない。そのなかで、『エデュ・ケア21』は季刊誌ながら常に正統派としての論陣を展開してきたことは、高く評価されてよいだろう。筆者は米野さんと多年にわたるご縁があり、その関係でこの雑誌にしばしば論説を発表させていただいた。

増刊号に収めた10編の発表年代は、復刊1号（2004年10月）の巻頭論説を手始めに、再生16号（2011年4月）まで足掛け7年におよんでいる。この間の政治・経済・社会情勢の変遷の速さを顧みると、さまざまな感慨を覚えないでもない。

冒頭の「狼少女は本ものか」を書いたころは、小泉改革が高唱されていた。この改革は複雑多様な側面をもち正体は一体何なのか、人によりいろいろというところだが、当時は多年の昏迷や閉塞感にもようやく風穴が開くのかという期待を巻き起こしたことは確かだろう。ただし、就学前保育（教育）界には、少子化問題がこれも多年の懸案としてのしかかってはいたが、早急な対応までは、まだ問題になっていなかったように思う。

狼少女物語は井深大の『幼稚園では遅すぎる』によって一躍有名になったが、筆者ははるか以前に、それはほぼフィクションだと考えるようになっていた（藤永保『幼児教育を考える』岩波新書参照）。フィクションを本もののように引用して早期教育の論拠とし、結果的には母親の不安をあおりたてることになる井深理論には、当時とても賛同はできなかった。井深の創設した幼児開発協会とはそんなこんなで決別したいきさつもある。しかしこのころになると、世俗的評価は別として井深理論のもつもう一つの側面を見落としてはならないと思うようになった。一介の町工場にも等しかった東京通信工業をついに世界のソニーにまで育てあげたのは、井深はじめ創業者たちの飽くなきチャレンジ精神にあったことは疑いない。

現在の閉塞感がなぜかくも長く暗いのかを考えると、大半は政治・行政のその場しのぎと先送りがもたらしたものだろうが、その根底には私たちのもつ和を好む気質、裏返せば大胆なチャレンジを避け、無難な現状維持を乞い願う心情が大きくはたらいていることは否みがたい。独裁国家でもないのに、なぜ自民党一党支配が半世紀も続いたのだろうか。和の精神は、寄らば大樹の陰と長老リーダー信仰というもう一つの伝統と両輪になって一党支配を永続させたのではなかったか。

だが、自民党政権下では、政策選択の葛藤を避けての先送りと八方いい顔を繰り返し、700兆円もの赤字国債を積みあげてきた。政治には緊張感が失われ、次第に族議員によるご用聞きと利権配分に矮小化され、それに反比例して、甘えの構造が肥大していった。とすれば、そうした政治体制を選び取った側にも、応分の責任はあるのではないか。小泉改革の目玉は郵政民営化を柱とする金融自由化政策だったが、これにともない規制撤廃による経済成長、市場主義信仰、アメリカモデル追随、規制により保護されてきた既得権益の見直しなど、人により賛否両論渦巻く問題点が提示された（就学前保育界も、参入障壁に守られているという異議に心しなければならない）。

筆者にはしかし、そうした表の問題はさておき、見逃してはならないもう一つの問題点が暗に問われたように思われる。それは選ぶ側のチャレンジ精神や自助努力ではないか、そうした思いが次第に強くなっていたころだった。学問的興味だけで狼少女をあげつらうのではなく、井探理論のもつチャレンジをいとわぬ積極性を再評価する時代が来ていると、考え直すようになっていた。この精神は、就学前保育界にとっても大切ではとの思い、それがこの最初の論考には表れている。

この調子で書きだせばきりもなくなるが、その後の社会情勢は幼保界にどうはたらいたか。民主党への政権交代により子ども家庭省の新設など、きわめて意欲的な政策提言があり、就学前の発達保障にも新風が吹くかと大きな期待はあったのだが、正直いって予算の組み換えで財源は何兆円を生みだすという類の未熟と不用意だけが目立ち始め、総合こども園や子ども手当てにみるように迷走続きで閉塞感はかえって高まるありさまであった。自民党以上に自民党的な人によってはじめて政権交代が実現したというのは、長く残る歴史の皮肉である。結果として赤字国債累増と新幹線着工に象徴される旧套《きゅうとう》政治の繰り返し、加えて国会は多数を頼んでのいじめとしっぺ返しの連続劇、一息つくと今度は政権ほしさの自己中心ＰＲ合戦に終始し、肝心の政策決定は一向に進まない、中学生レベルというほかない惨状を呈し、戦前の政友会と民政党の泥沼利権争いの再現かと寒々しくなる。

東日本大震災に加えてユーロ危機の不安がくすぶりながら財政再建の目途は立たず、ギリシャ破たん懸念の連想からさらに追い詰められた。ここまできてやっと消費税の増税だけ先行可決の機運になってきたが、不人気を恐れる議員は本当は逃げ腰、造反で次の選挙には勝てるなどの皮算用は情けない限りといわねばならない。

この崖っぷち状況に対処するには、政官の自覚と反省が第一なのはいうまでもない。しかし、対応する選ぶ側でも、一人ひとりが「チャレンジとリスクを恐れず、自助努力を惜しまず、余力があれば社会貢献へ」を合言葉として、人間の絆をこれに沿って仕立て直す覚悟と方策が必要ではなかろうか。そうしなければ、膨大な赤字国債と長く暗い閉塞感が地震と津波のように次世代を襲うことになるだろう。就学前発達保障という課題の解決は、ただ幼保界のものではなく、次世代の生きがいへの試金石にもなるのだ。

幼保一元化はエデュ・ケア21研究会の多年の課題であり、上の意味での緊急目標でもあった。「幼保一元化とは何か」は本書の中心テーマをなし、これをめぐる4~7章の4編は筆者なりの危機意識と解決への願望を吐露したものだ。しかし、現実には「認定こども園」以降の昏迷は止む気配もない。民主党政権では就学前予算の一元化がうたわれるなど、一歩前進がみられた時期もあったが、結局落ち着いたのは、総合こども園・保育所・幼稚園の幼保三元化であり、詰まるところは認定こども園への逆戻りだった。ここまでくるのも難事だったのかと関係者の努力に敬意は払うが、一歩前進二歩後退ではしゃれにもならない。

逃げ水にも似た幼保一元化の行程だが、厳しい現実はもう制度論としての一元化をはるかに追い越してしまったというのが本当だろう。その根底にある理念を再生しようと望むなら、現代の発達環境についてより広い緻密な考察を必要とし、それに沿っての制度再設計が検討されねばならない。そのためには、臨時増刊号ではおよばなかった現代の子育て危機を招く条件とは何か、また乳幼児保育（教育）とは何かの二つのテーマについて考えてみなければならない。先述した補足は、主にこのテーマに当てられている。

ことさらに願うのは、この問題の緊急性と重要性を思うとき、一般の理解が財源論や制度論の域にとどまることなく、子どもの発達論と子育ての本質論にまで深まっていくことである。本書がそのために多少とも役立つなら、これほどうれしいことはない。

本書ができあがるいきさつは、以上に述べたように、米野さんからその折々に幼保一元化をめぐる適切なテーマの要請があり、それに応える論考を『エデュ・ケア21』に発表しているうちに、いつしか一書の分量近くにまで蓄積されたことによる。その意味では、米野さんにまず最大の感謝を捧げねばならない。討議を通じて、エデュ・ケア21研究会のメンバーにもさまざまな学恩を受けた。この雑誌を長い間、財政的に支えてくださったＭＩＣの北山ひとみ氏にもお礼申しあげる。

臨時増刊号発刊は、民主党の幼保一体化政策の結論が近いと思われたころであり、その判断資料として緊急性があると考えたからだが、案に相違して決定ははかばかしくは進まなかった。その後、読んでみたが補足をしてぜひ一本にまとめてほしいという要望が、２～３の知人から寄せられた。その要望には筆者もうれしい思いがあり、萌文書林の服部直人さんと赤荻泰輔さんに希望をお話したところ、快く出版をお引き受けいただいた。その後、急ピッチで編集を進めてくださり意外に早く発行の運びになったのは幸せなことだった。この間、章立ての再考に始まり、わかりにくい個所の指摘、果ては注釈にいたるまで面倒な編集実務を一手に引き受けてくださった赤荻さんにとりわけ謝意を述べたい。

平成25年3月

藤永　保

第2部 幼保一元化――幼・保を超えたその先へ

第3部　就学前の発達目標と成育の課程

終章 子育て立国に向けて

第1部

子どもの発達とそこにある危機

序章　「狼少女」は本ものか

工学的発達観の光と影

▼「狼少女」物語と幼児教育

昭和46（1971）年に発刊された井深大の『幼稚園では遅すぎる』（ごま書房）は、日本をリードするハイテク企業ソニーの創業者という著者の名声に加え、センセーショナルな題名も手伝って、あっという間にベストセラーに駆けあがった。今も、書店の本棚にみかけるロングセラーでもある。その影響力は、きわめて大きいものと考えておかねばならない。

井深の発想は、いかにもその人らしく、人間の脳神経系も、電子回路と同様、配線次第で良し悪しが決まる。生まれつきの天才も遅滞もいない。すべては、回路設計の成否にかかっている、とする。当時、受験競争は厳しさの度合を加えてきていた。こうした社会的背景のもとでは、井深の説が多くの母親・父親たちにどれほど魅惑的に響いたか、反対にもし誤ったらとこちらもどれほど強い不安を招いたかは、想像に難くないだろう。

しかし、井深のこの工学的人間観のみによって、高次の有機体であるヒトとその精神をすべて解明しようとしても、そこには当然さまざまな壁が立ちふさがる（井探も、後年はこうした人間観は捨てていたようである）。もし、自由な回路設計が可能なら、多くの平凡な人々を天才に変えるもっとも適切な方策は何か、障害児などといわれのない区別はせず、ただ的確な教育を考えればよいのか、などの問題提起が行われてよいはずと、ただちに疑問になる。

井深も、おそらく、多年この問題を考え詰めていたのだろう。そこに、有力な援軍が現われた。ノーベル生理学・医学賞を受けたオーストリアの動物行動学者ローレンツ（Lorenz, K. 1903－1989）による「刷り込み」の研究である。

刷り込みとは、大型の早成性の鳥、たとえばカモやガンなどの卵を人工孵化して、すぐにヒトなどの仮り親につけると、それらの鳥はヒトを親として追って歩き、本当の親鳥を見向きもしなくなる、という現象を指す。ちょうど、白紙のうえに親の姿を写し込むのにたとえられるから刷り込みという（固まりかかった封ロウのうえに、印章を押しつけるのに似た過程として「刻印づけ」と呼ぶこともある)。

もっとも、仮り親となるためには、適当な大きさをもち、動き、音(声)をだすといった条件が必要である。ヒトは仮り親になれるが、自動車はなれない。ローレンツは、自身が仮り親となって、アヒルの雛を連れ歩いていたという。

このように、ヒトを親として追って歩くアヒルとは何ものなのだろうか。姿形は、アヒルに違いない。しかし、自分の同族を親として追おうとはしないのだから、アヒルの仲間に入れるのはためらわれる。事実、たとえば、カルガモに刷り込まれたマガモのオスは、成鳥になってから、自分の仲間ではなく、カルガモのメスに求婚するという。カルガモでもマガモでもない新種、といってよいかもしれない。

であれば、ヒトについても、同じことが起こってもよいのではないか。話の筋道は、そうなっていく。それが、「狼少女」物語なのである。さらに、ヒトがオオカミに変わるのなら、天才もつくれないわけではないだろうし、まして普通の秀才を育てあげることなど、何でもないこととなろう。

では、その秘密を探る鍵はどこにあるか。ここで、もう一つ大事な概念が登場する。

刷り込みは、先にも触れたように、孵化後の早いごく短い期間にだけ可能となる。この時期のことを、外的刺激が発達状態を劇的に変える効果をもつという意味で、「臨界期」または「敏感期」と呼ぶ。ヒトを劇的に変えられるとすれば、それは発達のごく早期の臨界期にあるので、「幼稚園では遅すぎる」ということになるわけである。ここに、狼少女物語が幼児教育に大きな衝撃を与える論拠がある。

▼「狼少女」は真実か

1920年の10月、インドのカルカッタ西南、約110キロのところにある小さな村で、アリ塚を利用した狼の洞穴に、人間の姿をした2匹の動物がいるという噂が広まった。偶然、そこに伝導師として巡回中だったシング牧師夫妻がこの噂を聞きつけ、洞穴を発掘してなかにいた2匹の動物をつかまえた。それは、まさしく人間の女の子で、年齢はおよそ8歳と1歳と推定された。夫妻は、二人の少女をアマラとカマラと名づけ、ミドナプールという小都市で自身が経営していた孤児院に引取り、その養育と回復のために限りない愛情と忍耐を注いだと記している。二人は、当初狼のような特色が強かったとも書いている。たとえば、四つ足で歩き回る、人が手をだすと飛びかかる、昼間は暗い部屋でウトウトしているか、壁に向ってうずくまるかのどちらか、ところが夜になると狼のような遠吠えを始める、という具合である。それればかりではなく、暗い

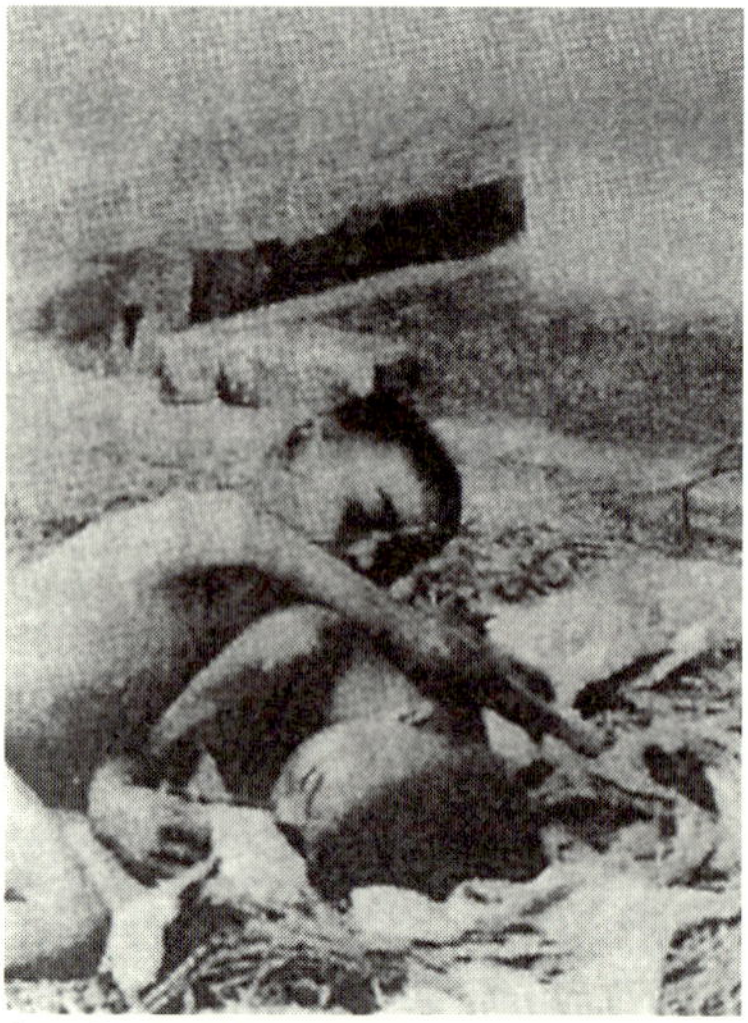

［図1］アマラとカマラは、孤児院に来てからもずっと、狼の洞穴のなかでの仲間と同じように、たがいに重なりあって寝ていた（1920年、孤児院にきた年、8歳）。
（A. ゲゼル著　生月雅子訳『狼にそだてられた子』家政教育社）

ところでは眼がランランと青く光る、草むらを探してハトの死骸をあさるなど、狼的な特徴にはきりがなく、人々はたしかに狼に養われていたことを確信したと、伝えている（シング牧師の二人の養育記録には、オシメをあてられた二人が四つんばいしているところ、地面に置かれたお皿に直接口をつけて、ちょうどイヌのように、何かを食べているところ、などの写真が添えられている⇒図1）。

しかし、夫妻の努力のかいがあって、2か月ほどたつと、妹のアマラはようやく「ブー」程度の片言がいえるようになった。残念ながら、アマラは1年ほどで亡くなったという。姉のカマラのほうは進歩が遅く、3年ほどでやっと歩けるようになった。しかし、反射的に動くときは、やはり四つ足ではう癖が抜けきれなかった。人間社会に戻ってからの9年間、17歳で死ぬまで、知能は3歳半程度、45語程度の発語しかないという惨めな回復に終わってしまった。

井深は、ざっと右のような紹介を行い、この本の出版される4年前にもアフリカのモザンビークで19年間ヒヒの群れのボスとして君臨していた「ヒヒ男」の話などもつけ加えている。人間発達の臨界期を狼やヒヒとともに過せば、ヒトも狼少女やヒヒ男になる。まして、英才児などと、いいたいのだろう。

しかし、野生児の話は、井深が紹介するほど稀少でもなければ最近の話題でもない。アマラとカマラの話がなぜこれほど有名になったかというと、一つには、その時代の四人の代表的な学者がシング牧師の記録を検討して——実際の狼少女はみていないのに、その真実性を保証したからである。そのうちの一人は、当時指導的な児童心理学者だったアメリカのゲゼル（Gesell, A. 1880 - 1961）であり、そのため、この話は幼児教育界にも大きく取りあげられるようになった。

四人のうちの一人、人類学者のジング（Zingg, R. 1900 - 1957）は、歴史上に報告された野生児の記録を詳細に検討して、そのうち31例はほぼ真実と断定した。ここからみても、昔から動物の養子となって育った野生児の事例は実に数多いことが知られる。

野生児説が真実だとすれば、それは井深のいう通り驚異でもあり、魅惑と畏《おそ》れとを同時に誘うことは確かである。しかし、筆者は、狼少女をはじめとする多くの野生児物語は、真実ではないと考えるようになった。ここでは、そう断定する根拠について手短かに述べたい。

第一は、狼少女物語の諸事実は必ずしも透明ではない点である。シング牧師はゲゼルらの求めに応じて、カマラをアメリカ心理学会に連れていくと約束したのだが、それは果たされなかった。したがって、事実上シング牧師夫妻らごく少数の人以外、狼少女を実際にみた人はなく、その真実性はただシング牧師の記録にだけかかっている。

不幸にして、アマラやカマラの存命中、またその没後も二人の真相をみた人々の存命中に第三者による詳細な調査や報告は行われなかった。ようやく救出約30年後に本格的調査が行われたが、結果は困惑を招くものだった。たとえば、シング牧師は「ゴダムリ」という村で狼少女を捕えたといっているのだが、そうした村名は昔も今も発見されなかった。狼少女の噂を知る人々も、該当地域をくまなく調べて見いだすことはできなかった。孤児院の仲間に聞いても、ほとんど口をきかない少女はいたが、オオカミ的なふるまいは聞いたこともないといった。狼少女をみたと証言したのは、シング牧師のわずかな近親者にすぎなかった。シング牧師の狼狩りも、実は伝聞を自分のことのように述べたものだともいう。

第二に、シング牧師の説明には、生物学的法則性に背くことが多い。たとえば、狼少女の眼が夜になるとランランと青く光るというが、ヒトの眼にはそうした機能や色素は本来備わっていないので、わずかな洞穴生活で突然それらを獲得する可能性はほとんど考えられない。四足歩行で飛ぶように速く走ったなども同様である。何より問題なのは、動物同士、たとえばイヌとネコとが相互に養子にできるから、ヒトと動物とのあいだにもそれが可能だと考えるのは、とんでもない誤りである。少し考えてみればすぐわかることだが、ヒトとイヌでは、たとえば授乳の様式は正反対だから、逆はあっても、イヌがヒトの赤ん坊を養子にすることはできない。

第三に、野生児物語は必ずしも普遍的ではなく、それらが報告されている地域はきわめて限られている。南北両アメリカ大陸や東アジア諸国からは、野生児報告は1件も認められない。とすれば、野生児物語には、やはり文化圏によって大きな偏りがあることになる。あえていえば、それはユダヤ=キリスト教文化圏とその征服地域に特有の神話とみることもできよう。私たちは、なぜことさら野生児神話を必要としないのか、これも改めて考え直してよいテーマの一つである。†

▼F・Gの発達事例からみえてくるもの

では、狼少女物語を根拠にした井深の工学的発達観と教育論は、すべていき過ぎ、または偏りとして、水に流せばすむのだろうか。たらいのなかには貴重な赤ちゃんも潜んでいるのでは？

---

† 藤永保著『幼児教育を考える』（岩波新書）を参照してくだされば幸いである。

これが本章の主題である。

野生児物語は真実か――筆者も発達心理学を専攻する者として、人一倍の関心をもっていた。前に記したように、それは文化的フィクション、または神話だという結論に達するには、やはりいくつかの体験に基づく根拠がある。

一つの契機は、養育放棄の事例や障害児療育の問題に携わるようになってのさまざまな体験から得られた。これらの子どもをみていると、例外的・変則的な発達の過程があらわれることはまれではなく、むしろつきものといってもよいからだ。たとえば、昔、孤児院や乳児院に収容された子どもは、早期の死亡率がきわめて高く（20世紀のはじめころのヨーロッパやアメリカの孤児院では、90％以上に達するとされていた）、早期の死亡は免がれたにしても、ひどい発達の遅滞を示す。幸い遅滞を免がれても、今度は青年期に至って更生困難な盗犯といった非行におちいりやすい。

こうした三段階の症状は、総括してホスピタリズム（施設病）と呼ばれていた。１９５０年代に至り、アメリカの小児精神医スピッツ（Spitz, R. 1887 - 1974）の有名な追跡研究により、これらの症状は養育関係の不全、つまり施設児が心の通い合う養育者をもたないことが決定因だということがようやく突き止められた（したがって、施設が原因だと誤解されやすい施設病という名称は歴史的なものであり、そうした場合以外使ってはならない。代って、「マターナル・デプリベーション

（養育者不在症状）」といった名称が使われている）。

ひどい発達遅滞のケースでは、3～4歳になってもまだ立つこともできず、ようやく四つんばいで移動する例もないわけではない。こうした典型例からみれば、アマラやカマラが四足歩行をしていたとしても、それは格別のことではない。四足歩行＝狼少女という断定は、あまりにも安直なことが知られる。

私たちは、1970年代に虐待遺棄事件として救出された当時満5歳と6歳とのきょうだいの男女児のその後の成長を20年以上にわたって追跡してきた。救出時、二人は、身長80センチ、体重は8キロ、歩行はできずいざり歩きだった。総合的にみて、心身ともに1歳そこそこといった発達水準だった（この事例をFとGの仮称で呼んでおく。これについてはあとにも触れるが、詳細は藤永保ほか『人間発達と初期環境』（有斐閣）を参照してほしい）。

当時、この分野の世界的権威は、前記したスピッツだった。スピッツは、アメリカにおける自他の治験成績をもとにして、初期発達における損傷は、最良の療育を受けても、せいぜい3分の1くらいしか取り返せないと唱えていた。これが、一種の初期発達臨界期説であることはいうまでもない（ちなみに、アメリカの研究者たちは、生後2年間の発達期を重要とみなす人が多い）。

スピッツはまた、自己の臨床例から、ホスピタリズムにおける遅滞は平均して暦（生活）年齢の半分程度としている。彼の基準が正しければ、二人の発達水準はそれぞれ2歳半、3歳くらいにとどまるはずである。しかし、F・Gの救出時の状態は、たかだか1歳程度だった。これほど大きな遅滞を示した事例は、当時世界的にも知られていなかったし、現在もまれだ。悲しいギネスブックものの記録である。

人間発達には、ほかの生物種にはみられない特異性があることを示す例証として、発達心理学の研究上もF・Gは誠に貴重な示唆を与えている。その意味で第一の疑問は、なぜこれほどの遅滞が起こるのかということであろう。これについては詳細な説明を必要とするが、とうていそのゆとりはない。すでにあげた書籍をみていただきたい。

ごくごくの要約でいえば、出生直後からの発達環境の極限の貧困がもたらしたものというほかはない。第一は、経済的貧困である。F・Gの一家は苦境にあえぎ、そのうえ子だくさんも手伝って、一家一日一食ということもあったというから、その程度にはおよその察しがつく。

F・Gには、はじめから栄養不給がひどかったのだろう。常食は、一皿のうどんや雑炊のたぐいだった。二人が救出される前の2年ほどは戸外の小屋に隔離され、これが発見されてやっと虐待遺棄事件として通報された経緯がある。寒い夜は1枚の布団に二人抱き合うように寝ていたという。生存すら危ぶまれる状況だった。一家は生活保護を受けていた時期もあったので、そのころにはかろうじて人工栄養のミルクを与えていたという。そのような束の間のゆとりの助けがあって、はじめて生き延びられたのかと想像する。

第二の貧困は、人間的発達環境の欠落である。一口に、ヒト環境の貧困といってよい。母親は、父親の怠け癖と子だくさんのため、一日中内職に専念しなければならないありさまで、次第に子育ての意欲を失っていき、F・Gのころに頂点に達した。代わって二人の世話を命じられたのは、わずかに当時4歳と3歳の姉二人だった。当然、大した世話ができるはずもなく、衣食を最低限かなえるだけだったと推定できる。出生直後からなかば文字通りの養育放棄のままかろうじて生存を続けてきたというのが真相に近いだろう。

経済的困窮とヒト環境の欠落という二つの貧困が重なり合うとき、前代未聞の発達遅滞が生じるということは、人間発達の鍵を示している。同時に、あとに述べる乳幼児の虐待とその背景にある子育て困難の要因をすでにして予告しているといえるだろう。

▼臨界期説再考

筆者らの事例は、5〜6歳に達しているのに実質は1歳程度という、想定外の発達遅滞症状を示していた。もし、スピッツの予測が正しければ、最大限に回復してもIQ50以下にとどまり、一生とても自立は望めないこととなろう。

しかし、結果はどうだったか。その後、二人とも立派に成人して家庭を営み堅実に暮らしている。スピッツの予測は、まったく当たらなかった。

その理由を考えることは、実に肝心な問題なのだが、ここですべてを述べるのは難しい。一言だけいうなら、二人の収容された施設は物質的には恵まれたものとはいえなかったが、その教職員がみな心の温かい素朴な人々から成り、何らの先入観ももたずに二人を受け入れ、大切に養育してくれたことが第一にあげられるだろう。反対にもし、スピッツの予想を金科玉条《きんかぎょくじょう》と受け取っていたら、とうてい先の希望はもてないから、二人の療育もおのずと力の弱いものになっていったに違いない。

この点では、井深の信念にはやはり聞くべきものが残る。特殊教育には、遺伝論の伝統が根強く、力を尽くす前に自分で限界を設定し、その意味であきらめが先立つところがあったのは否定し難い。井深の積極論には、今日も、とくに未知の分野では捨て難い指針を秘めているというべきであろう。

この事例の追跡からは、さまざまな示唆や教訓がえられるのだが、それらをまとめてみるなら、第一に、人間という有機体のもつ驚くべき発達上の弾力性や可塑性《かそせい》に注目しなければならない。

6歳なのに実質は1歳という、考えられないような遅滞からも立ち直ることができる。私たちは、どんな場合にも希望を捨てず最善の方策を求めなければならない。

しかし、第二に、これとは一見うらはらに聞こえるが、発達初期の損傷は5年以上という長期にわたるなら、やはり完全には回復し難い。この二人より年下の妹は、2歳3か月のとき養子にいったのだが、そのときはやはり1歳程度の発達状態にすぎず、同じく遅滞症状を示していた。しかし、養親にかわいがられて幸福に過し、小学校高学年のころのIQテスト、学業成績、身長・体重など、どれをとってもきわめて高い水準にあった。遺伝的には、先の二人とこの子は似通っているはずだから、本来なら二人とも人並優れた素質をもっていたのかもしれないのだが、それは実現されなかった。そのようにみると、初期発達は、井深のいう臨界期的意味をもつことも限定つきではあるが否定し難い。だから、「小学校では遅すぎる」というケースはありうるのだろう。すると、幼児教育は、発達上はより後期の教育よりもはるかに重要な意味をもつ場合がある。「治療よりは予防」の原則がここにも当てはまるのだ。

第三に、今さらではあるが、心の通い合う温かな養育関係の確立こそ、心身両面の成長を支える基礎だ、という人間発達のうえでの大原則を改めて再確認しなければならない。大人はとかく自己の先入見にとらわれ、物質的充足こそ最高の幸せと無条件に考えたがる。しかし、子どもの健やかな成長のためには、幼ければ幼いほど、モノ環境よりはヒト環境が大切であることをくれぐれも忘れてはならない。

1章　子育ての曲がり角

新自由主義時代の警鐘

▼子育て危機の時代を思う

危機と書くと、大げさといわれるかもしれない。普通、危機とは、破局がせまるという悲観的意味あいで使われることが多いからだろう。そうした恐れもあながち全否定はできないと筆者は思うのだが、ここではしかし、恐れをむしろ困難を切り抜ける原動力に向け替えることを願い、あえて厳しいことばを使っておく。そのためには、危機とは何か、それをつくる原因・条件・理由などを知る必要があり、そうしてはじめて、危機を乗り越える方策が立てられる。

当面の主題である子育て問題についてはどうか。子育て危機とは、子どもの健全な成長を願おうとしても、その方策には、さまざまな困難・矛盾・葛藤などが折り重なって混迷を深め、人々が一致できる解決がなかなかみえない事態、そういいかえてよいだろう。

もっとも広い意味でなら、今の子育て危機とは、現在の世界が抱える多様な政治・経済・社会・文化的葛藤が、子どもの成長や教育に与える混乱や阻害の集約といえる。この混乱とは、ただユーロ危機とか格差拡大など、直接被害だけを指すのではない。それらは、もとより無視できない大問題だが、政治的方策によって収拾できる可能性は残している。しかし、地球温暖化と関連する環境保護となるとどうだろうか。環境保護をとりわけ重視するなら、ただ環境教育を強化するだけでは足りず、当然エネルギー節約や二酸化炭素排出抑制のため消費の節約が求められ、子育てにおいては「もったいない」のしつけが第一とされよう。一方、世界同時不況の折から雇用を確保するため経済成長が何より大事というなら、むしろ「消費の美徳」を早くからしつけるべきだろう。それはただちにしつけにおける矛盾を招く。この葛藤は地球的・人類的なものだから、前者に比べてより広く根深い。解決は容易にみえず、絶望もまたより根深くなる。こういう世界では、子どもを育てる気になれないという人々が新しくあらわれるのもあるいは無理からぬことかもしれない。

世界共通の問題に加えて、いわゆる先進国の問題をとってみても、柳澤《やなぎさわ》伯夫《はくお》厚生労働大臣（当時）の「産む機械」発言†でことさら有名になった少子化状況がある。一人っ子政策をとる中国や先進国の仲間入りをした韓国はいうまでもなく、近年は、タイ・ベトナム・インドネシアなど、アジアの新興国にも同様な傾向が目立ち始めた。ここからみると、経済発展にともなって子育ての方略そのものが変わっていくと考えられる。社会生物学者は、生物の繁殖戦略として、たくさん生んであとは自力生存に任せる放任タイプと、対照的に少数出産その代わりに手厚く養育する保護タイプとの二つを分けている。おそらく、人類では経済成長に依拠して後者の型が優勢になりつつあり、その傾向は変えられないのかもしれない。すると、適切な子育て経済政策を考慮せずに、たくさん産まないと将来の年金財政が破綻という説教だけでは、効果のほどはきわめて疑わしいといわねばならない。社会生物学が正しければ経済成長とそれに伴う少子化は人類の宿命というに近く、まぬがれることは難しい。

地球規模の課題や生物学の法則といわれると対抗するのは至難の業、悲観論はますます強くなる。危機の原因を探り対策を立てようと望むと、逆に脱出困難の罠に落ちるのだ。筆者にも、正直どう考えたらよいか、答えがみつからない。

---

† 平成19（２００７）年1月27日、島根県松江市での自民党県議の集会で少子化対策に触れた際の発言。

ただ一ついえるとしたら、未来世界は人間の狭い知恵――現在の論理だけでは予測ができず、その意味でただ絶望に終わってはならない。次代を担う子どもたちに、英知と愛情を兼ね備えた豊かな人間性を育てることによって、新しい途《みち》が開かれることを信じるほかはないだろう。ここにも、子育ては人類的課題であることがあらわれている。

▼子育ての曲がり角とは

地球規模の問題や先進国共通課題など、今すぐ取り組みがいのない問題は、ひとまず括弧《かっこ》に入れて、身近な子育て危機に移ろう。現代日本の政治・経済・社会・文化的状況も、また私たちの子育て問題に、さまざまな独特の葛藤を引き起こしている。これらの固有問題に対しても、グローバルな、また先進国共通課題が背景に潜み、葛藤をいっそう色濃いものにしていることを忘れてはならないが、自身の心構えと努力のあり方によって、その解決の糸口はみえてくるのではあるまいか。

その意味では、危機という大げさなことばはやめて、むしろ曲がり角と呼ぶほうが適切かもしれない。危機とは、白か黒かの分かれ道に立ち、選択によっては転落への危険があるのにその選択すらままならぬというニュアンスがある。曲がり角は、これに対して、分かれ道の原形といえる。心を引き締めていれば、危険に陥ることはない。しかし、もちろん安心しきって居眠り運転を続けるなら、道を外れてときに大事故につながりかねない。心していかねばならない事態と、はじめに警告しておこう。

曲がり角を象徴する絶好の事態として、はじめに自覚が必要なのは、子育てはそれぞれの家庭の私事ではなくなり、一種の公事へと変わりつつあることだ。ちょうど明治期の新政府が、国民全体に義務教育を普及させようとしたのと似ているかもしれない。

「身を立て　名を挙げ　やよ励めや」は学校での惜別歌『仰げば尊し』の一節、戦前とりわけよく歌われた。この歌詞にあらわれているように、日本の伝統では、教育とは家のため自分のため力を尽くす行為の典型だった。この考えは、あとに触れるように、儒教文化圏に特徴的であり西欧的な個の自立重視とは対照的である。こうした文化的潮流のもとでは、経済的余裕ができると人々は教育にことさら力を注ぐ。日本になぜ近代的学校制度がきわめて早く根づいたか、それにはこうした伝統がはたらいていたことが大きい。

明治期につくられた小学校の数は、幕末の寺子屋の数とほぼ同数という。武士や豪商のような特権階級だけではなく、関西地方を中心に農村にもいたるところ寺子屋があったという。農産品の流通経済が浸透した関西圏の農村では、有力な農家の主婦が財政運営を担っていたので読み・

書き・算盤《そろばん》は、むしろ女性に必須の教養であり、女の子もこぞって寺子屋に通ったという資料もある。このような基盤があればこそ、容易に近代的学校教育制度がつくられたのだった。

しかし、皮肉なことに明治初期の就学率はきわめて低かった。教育は各家庭の私事とみなされていた伝統のもとでは、就学は義務といわれてもピンとこなかったのだろう。ようやく増加したのは、小学校の学費が無料になってからだという。教育における義務の観念や定義も、その後、次第に国民の側ではなく、教育の機会均等を保証すべき国家の側に向けられるというように変わってきた。

だが、就学前の保育あるいは教育についてはどうだろうか。幼稚園についていえば、圧倒的に私立が多い半面、国公立のほとんどは名門進学校という特定の役割を担っていて大勢としては影が薄い。幼稚園の歴史についてはあとに触れるが、准学校としての位置づけは早くから与えられていたが、国庫補助は薄く現在も保育所よりは少ない。教育内容の具体案も、各園に任されてきたのが実情であろう。小学校とは一線を画するという気風も強い。これらの条件は、幼稚園は小学校以上の義務教育とは異なるという感覚を強めている。幼稚園教育は公共のものという意識は乏しい、といえるだろう。

対する保育所はどうだろうか。福祉事業と位置づけられ、国庫補助は手厚いから公共への奉仕という意識が強くなるのは当然である。しかし、待機児童解消という脚光を浴びる以前は、保育に欠ける子どもが入所条件であり、家庭養育の補完が主目的とされていた。そのため幼稚園よりは技術的な意味での教育への義務感や意欲は弱い。両々相まって、公共性の認識もそこで終わる消極的なものになる。

就学前の保育（教育）施設ですらそのようなありさまだから、ましてより幼少期の家庭における子育てに公事としての意識を求めるのは、今のところ場違いといってよい。産む機械発言への不快感には、産む産まないは私事であり個々人の自由、政治家がどうしてそこまでいいたてるのかという疑問と反発も含まれていたのではなかろうか。子育ても同じ、親の仕事にどうして国が口をだす、そういう疑問が大きいことだろう。

▼なぜ子育てが公事になるのか？

私事が突然公事に変わるといわれては、誰しもとまどう。これこそ最大の曲がり角であり、ちょうど明治初期の親たちが、教育は今度から義務になったといい渡されたときのとまどいと似ているかもしれない。

なぜの疑問は、明治初期と同じことが起こっていると考えるとわかりやすい。当時の日本は西欧先進国にならう近代化への途をひた走ろうとしていた。そのためには、西欧事情を理解し、吸収できる人材育成が求められ、基礎固めとしての初等教育の普及――義務化が行われた。「邑《むら》に不学の戸なく、家に不学の子なし」†は、初代文部大臣森有礼《もりありのり》のスローガンというが、この事情をよく示している。

現在の曲がり角をつくりだす契機は、新聞・テレビをこれでもかというほど賑わした「少子高齢化」にある。これについての自民党有力閣僚だった柳澤伯夫氏の「産む機械」発言は、いまだに有名だ。森有礼のそれに比べれば、こちらはユーモアのつもりのご愛嬌、スローガンどころか駄じゃれにもなっていないが、切迫感だけは伝わってこないでもない。

ご愛嬌のゆえんは、機械という大量生産方式を連想させる比喩を使っているところにあるのだろう。生産工程の管理をうまくやりさえすれば、増産可能という無意識の連想が透けてみえる。これが反発を招いた大きな理由だが、経済成長第一主義という時代風潮がこうしたことばを使わせた背景をなしていることには、やはり考えさせられる。

人口は、国力の象徴でもある。江戸時代までの停滞社会では生産はほぼ横ばいだから、人口増は消費増大につながりありがたいことではなかった。幕末の育児書には、間引きの戒めがしばしば登場するのは、その証しといえる。西欧社会でも、20世紀の初頭まで孤児院や乳児院は体のよい子捨て場であり早期死亡の場でもあった。

逆に、経済成長の時期に入ると、人口増は将来の生産・消費人口の増大につながり、こうしていっそうの成長を約束するものになる。戦前の日本は発展の初期段階にあったから人口増加は歓迎され、ことあるごとに一億が強調され、あげくは一億一心が説かれたのは、さまざまな意味で忘れるべきではない。

ときは移って位相はがらりと変わり、少子高齢化の時代に入った。日本における変化はあまりにも急速でいつの間にかこの時代に入っていたことが、困難を倍加している。

現時点での最大の政策課題の一つは、消費税の増税にあることはいうまでもない。その背景には、際限もなく増え続ける社会保障費がある。社会保障費の大部分は、高齢者向けの年金や医療費で占められている。恩給といった制度は戦前からなじみ深いものだから、これには違和感は薄いのだろう。医療保険制度も、日本では誰しも納得する。当然とする思考習慣のなかに入っているため、これらに対する疑問は薄く予算の増大に歯止めはかからなかった。高齢化が進むほど、自然に社会保障費も急増する。気づいてみたら、国家予算のうち、社会保障費が最大を占めるに

† 「必ず邑に不学の戸なく家に不学の人なからしめんことを期す」は、太政官布告214号「学事奨励に関する被仰出書」より「学制序文」として知られる。

いたった。

少子高齢化とは、消費人口が増えるだけでなく、社会保障費増にみるように財政支出は急増する一方、それを支える生産人口は先細りという厄介きわまる事態を意味する。まさに、二重苦・三重苦といってもいい過ぎではない。小泉改革は多様な側面をもつが、郵政民営化を入口にして財政均衡化と社会保障見直しを目指す企《くわだ》ての走りだったとみることができよう。だから以後、新自由主義と経済成長が強調されることになる。

しかし、いかに新自由主義を高唱しても、少子高齢化そのものを巻き戻すことはできないし、問題に目をつぶることもできない。経済成長優先の建前からしても、少子化はいずれ未来を脅かす黒雲になる。こうして、日本でも少子化が政治問題になり、産む機械発言が飛びだすことになった。後述のように、ヨーロッパ諸国ではすでに早く児童手当が給付され、少子化への歯止めとしても有効といわれていた。遅まきながら、自民党政権下でも児童手当の支給が始まった。ただ、高齢者は数のうえでも社会勢力としても子どもよりは圧倒的に優位だから、年金問題に比べて児童手当は影が薄く申し訳程度にとどまっていた。

自民党から民主党への政権交代により、この点での理念は劇的に変わるはずだった。児童手当を「子ども手当」に変えようというのは、ただの名札のつけ替えではなく、この理念変更を象徴するものだった。鳩山由紀夫首相のもとの民主党政権では、なぜ子ども手当に所得制限をしないのかという疑問について、政策責任者がよく、18歳までは社会全体が子どもの成長に責任をもち、そこではじめて社会に「お返し」するということばを使っていたのが印象に残る。

ここにははっきり、子育ては私事ではなく公事だという原則が表明されている。だからこそ、義務教育の場合と同様、支給制限をすべきではないといいたかったのだろう。子ども手当てはヨーロッパ「先進国」のあと追いに過ぎないといってしまえばそれまでだが、日本の子育てにとっては有史以来の画期的な曲がり角だったと、筆者には思われる。残念ながら、多額の子ども手当の財源も考えずに公約する未熟さから、その後の民主党子育て政策は妥協と後退の繰り返しに終わり、今ではもとの「児童手当」に逆戻りしたことはふれるまでもない。だが、このような原則がはじめて説かれたことは忘れてならないだろう。

蛇足だが、子育ては公事といえばひどくかたい苦しい感じを受けることだろう。それぞれの家庭の子育てについて、一から十まで誰かの監視や制約を受けるというニュアンスにとるなら、それはとんでもない誤解である。公事化とは、個々の子育てを各家庭に任せるだけではなく、社会全体が子どもの成長を見守りできるだけの援助をする。さらには、どのような境遇におかれている子どもにも必要な支援を送るという原則を指すに過ぎない。当然ながら、一人ひとりの子育て方針は、通常の場合、親や家族の自由に任せられる。小学校の教育が義務化されても、個々の教育方針は家庭にゆだねられているのとまったく変わりはない。

▼子育ての社会的システム参入

公事という生硬《せいこう》なことばを使ってしまったが、もっと普通にいい換えるなら、子育ては家庭だけで行われるものではなくなり、社会全体からの支援と――それにともなう制約を受けて行われる社会的営みの一環になるということになろう。もう少し別の見方をとるなら、子育てという営みは、次第に社会保障の体系のなかに組み込まれようとしているということである、さらに延長すれば、就学前の保育・教育には、やがて小・中学校と同等な役割が与えられ要請されるということでもある。それでもまだわかりにくいといわれそうだが、具体的には、次のようなことを考えれば十分であろう。

かつて子育ての相談や援助は、親類・縁者・居住地の隣人、地域に根づいた小児科医・小学校の先生などに頼ることができたが、今はほとんど当てにならないことに気づく。逆に以前、放課後に両親のいない家に帰る子どもはカギっ子と呼ばれ孤立児の象徴のように扱われたが、今は児童館や放課後子ども教室などに頼ることができる。相談や援助の仕組みが、個人的・地域的なものから公的・社会的なものに移行した一例である。このような推移をみてくると、「おばあちゃんの知恵」が万能のように説かれたのは、古きよき子育て私事時代の名残であることが改めて思い知らされるのだ。

現代の子育ては、社会的システムの一環になろうとしているから、それを取り巻きあるいは並列する多くの社会的システム全体のなかに正しく位置づけられねばならない。ちょうど複雑な機械は、たくさんの歯車がうまくかみ合って始めて作動するようなものといったらよいだろうか。このかみ合いや同期がうまくいかないと、余計な軋《きし》みが生まれひどくなれば故障で動かなくなる。こうした軋みを最小限にとどめ、システム全体がスムーズに動くように各システム相互間の関係を的確に調整する努力が要望される。

その努力をすべき当事者は誰か。ことは高度の社会的問題だから、直接には政治や行政の責任者ということになろう。だが、たとえば子育て関連システムについて、子どもを養育している側も単なる受益者として受身で振る舞えばすむものだろうか。従来の日本的慣行では、何ごとであれお上にお任せの気風が強く、たかだか族議員に陳情を受けつけてもらえればあとは応報を期待するで終わり、いわば一方通行だった。

しかし、子育ては日常的なことだ。誰でも意見や要望はあるだろう。それらをもち寄り、解決への知恵をだし合えばよい。それらがまとまってやがて地域の政策決定への要請となり、さらに発展すればより高次の政策提言にもなりうるだろう。少なくとも、幼稚園や保育所など、就学前の保育（教育）に携わる人は、ただの受益者に終わることなく、みずから当事者としての努力を惜しんではならない。そのために、本書を書いている。

▼社会的システムの不全とシステム論の視点

すでに強調したように、子育て公事論が唱えられたのはごくごく最近である。事実上の問題としてなら、自民党政権下でも児童手当の給付や待機児解消施策も糸口につき、子育て支援の必要も論議されてはいた。しかし、それだけでは有史以来の大きな変革という受け止めは難しかったように思われる。改めて刺激になったのは、あとに述べる「認定こども園」問題であろう。ただ、認定こども園とて、平成18（2006）年に根拠法や告示が公布され、実際の設立はそこから始まった。これが具体的論議を呼び起こしたのすら、たかだかここ5～6年のことに過ぎない。子育て当事者といっても、地域行政家や幼稚園・保育所の園長など、専門職はともかく、一般の母親・父親にそうした意識が薄いのはやむをえない。

そういう次第だから、まして当事者以外では子育てなどは家庭の仕事という感覚が強いのは無理からぬところだ。つまり、子育てを社会システムに組み込むことに関して、専門職あるいは行政責任者などと一般の人々との間の意識のズレはきわめて大きいといわねばならない。

さらに、現在の社会保障のあり方は、財政的には大部分が高齢者の年金や医療費にあてられているのに気づく。日本は世界有数の長寿国だから、高齢者人口はこのところ激増の一途といってよい。そのうえ、高齢者は今まで社会的勢力を握っていた人々であり、政治的・経済的になお強い余力を保っている、政治家も自然とその力に影響されるから、高齢者保障も肥大する一途をたどってきた。社会保障費抑制が論じられるときの焦点は、いつも年金や高齢者医療費の削減に向けられてきたことはいうまでもない。

裏返していうなら、現在の日本の社会保障は高齢者向きに偏り過ぎ、社会的には、はるかに力の弱い子どもの側に向けられることはなかった。以上の二つの理由がからみ合い、子育ては依然、今まで通り親の足りないところを少し補ってやればすむと思われてきた。子育てという名の歯車は、あまりに軽く小さいために、せっかく複雑なシステムのなかに組み込もうとしても、その他もろもろの歯車とうまく噛み合わないだけでなく、仲間同士の間ですらギクシャクするありさまなのである。

その実例についてはあとに論じるが、論点整理のためにシステム理論の知恵を借りることにしよう。さしあたり二つだけ、注意すべき原則とそれにからむ具体的問題をあげておく。

第一に――当たり前すぎるほどのことだが、次元の異なる原因や結果を相互に混同してはならない。複雑な機構では、異なる原因によって同じ現象が生じる。回転が悪いのは潤滑油が切れてしまったためなのか、歯車が磨り減ったからなのか、よく見きわめないと本当の修復はできない。たとえば、子ども問題が騒がれるたびに、判で押したように政治家は――とくに保守系の人ほど道徳教育強化を叫ぶのがほとんど通例である。家庭や学校で道徳観念についてのしつけや教育が不十分、もっと強化をという見解が背景に透けてみえる。

こういう意見を聞くたびに、筆者は半世紀ほど以前の道徳発達の研究を思いだす。この時代、世界各国で非行少年の調査研究が行われた。その論理は非行を犯す青少年は道徳観念が希薄だからというきわめて単純明快なものだった。これは、当時の一般的考え方を反映していることはいうまでもない。

調査用の質問紙とは、たとえば、道に落ちているお金を自分のものにする、公園の花を取る、嘘をついて親の金をせびる……など、およそ日常的な悪行を羅列し良いか悪いかを訊ねるものだった。この種の調査は、いわゆる先進諸国で同じように行われていた。

結果はどうだったか。常識の予想に反して、非行少年の答えは普通の子どものそれとまったく変わりなかった。私の同僚たちの研究では、むしろ逆の結果さえ見いだされた。たとえば、道に落ちているお金を自分のものにするのは、普通児では100円くらいまでならかまわないとするのに、非行群では1円たりともいけないという答えが多かったのである。

なぜかは、各自で考えていただきたい。ただいえることは、非行を犯す青少年は善悪の判断ができないからという素朴な常識はまったくの的外れだった。この種の調査は、実は善悪に関する社会規範の習得度をみるものに過ぎず、道徳観念や道徳性そのものを測定しているのではない。そうして、社会規範のしつけや教育は家庭に限らず日常生活のなかで終始繰り返されていることだから、誰であろうと、その習得は一様必然に近いと解することができよう。

その後の道徳発達の研究は、こうした反省を踏まえて多様な方向に発展しているが、学校教育における道徳教育は——さまざまな苦心は認められるにしても、なお依然として現時の善悪規範の教化主義に終わっているのではなかろうか。たとえば、文部科学省の『心のノート』は、苦い中味を臨床心理学風のオブラートに包んで飲みくださせる工夫はしているものの、発想は昔の徳目注入とほとんど変わりはない。

政治家もその効果には疑いをもち、今度は教員に矛先を転じ道徳教育推進教師などという特別役割がおかれるという。近年の東京都・大阪市における国旗掲揚などの違反者処分問題などには、為政者の鬱憤《うっぷん》のはけ口がよくわかる気がする。しかし、標的にされた学校の側では、表だってはいわないけれども、それは主として家庭の側の問題、そう考えているふしがある。因果の堂々巡りは、道徳性は複数の要素が発達過程のうえで相互作用と統合を繰り返し始めてつくられることを理解せず、無理やり一つの原因や条件に押し込もうとする錯誤に根がある。

私見をつけ加えるなら、真の道徳性には正しさへの「確信」といった要素がどこかにあり、それはまた何らかの生きがいに連なっていくものと考える。もしそうなら、政治というシステムの側にも道徳性を養ううえで大きな責任があるのではないだろうか。

▼認定こども園――局部最適化の試みがもたらすもの

第二の原則は、局部最適化は必ずしも総体の最適化にはつながらないことである。現在、就学前保育（教育）の焦点問題になっている認定こども園制度は、典型的一例だ。

認定こども園は、もともとは働く母親の急増にともなっていわゆる待機児童が増え、それに対応するために、多くの幼稚園が慣習を大きく破る長時間保育（預かり保育）など、保護者の要望に応え始めたことに端を発する。事実上、幼稚園と保育所を隔てる壁は、限りなく薄く低くなった。しかし、幼稚園と保育所の二元行政が当面解消される見込みはない。この事態を何とか解決するには、壁をなし崩しにしていけばよい、誰か知恵者がそういう方策を考えたことから始まったのであろう。保育所保育指針も、これにあわせて改定された。

これだけとるなら、いかにも巧妙なやり方にみえる。しかし、現実はどうか。いざ始まってみると、財政支援の煩雑さと使い勝手の悪さ、二重監査のわずらわしさなどがあらわになり、当初期待された２０００園規模への急拡大など、今のところ夢物語のありさまだ。何より問題なのは、認定こども園とは何を目指すのか、その目標がまったくみえないことにあるだろう。

問題の根底に横たわる二元行政の根深さ、解消の困難さ、掘りさげれば就学前保育や教育についての政策（政治）上の理念の貧しさがかえって浮き彫りにされたといえる。これに対し、財政支援を強化し、行政の簡素化を進めれば、当面の不満は解消されるという意見もあろう。だが、仮にそうなったら、右にあげた問題点はさらに引き延ばされ、解決への糸口は長く見失われてしまうかもしれない。

子育ての公事化は、それを複雑な構造をもつ社会システムの一環として捉えなおさねばならないことを強調した。子育てシステムの構造と動的機制について、理論・実証両面からの研究が急務をなす。筆者は同憂各士とともに、平成21（２００９）年に「日本子育て学会」を発足させた。今後、この分野が若い担い手により理論・実証の両面にわたり大きく発展していくことを期待している。

横道にそれたが、認定こども園は、急場しのぎとしてなら許される意味はあろう。しかし、長期の視点に立ち、より総合的な問題解決を望むなら、こうした急場しのぎ——局部的解決はかえって全体の調整を妨げ、ひいては本当の解決を遅らせることになるだろう。

▼子育てシステムの軋み

以上の例からも、子育てという新規の弱小歯車をうまく既存の複雑な仕組みに組み込むのは、きわめて難しいことがわかる。この困難がより広い範囲にわたることも、推察されるだろう。認定こども園とは、そもそも小泉改革——新自由主義時代の産物である。新自由主義とは、一般的には市場主義を信奉し、自由競争と規制緩和を説く政治・経済体制と理解されている。その根本目標は、経済・財政の効率化にあった。認定こども園設立も、根本動機は保育の効率化にあった。

この時期以降、就学前保育（教育）の問題を推進する主役は経済学者に委ねられていく。あるセミナーで改革の花形経済学者が、保育所に必ずしも調理室は要らない、適格な給食センターに任せたらという話をしたことを思いだす。保育所の財政効率化のみならず、幼稚園の認定こども園移行を促すために調理室新設は不要としたかったことがくみとれた。

今の日本の財政状態では効率化が重要手段をなすことは、筆者にも異論はない。しかし、子育てとは、効率化とは無縁どころかむしろ正反対の営みである。それを忘れた改革では改悪になりかねない。実際、ある経済学者が、保育などはふつうの母親が誰でもやっていることで、仰々《ぎょうぎょう》しい資格など必要ない旨の発言をしているのを聞くと、この人は財政には強くとも子育てについてはどうか、狭い自分の経験だけでものをいっているのではないか、子育ての本質をどう理解しているのか、筆者も就学前保育（教育）に携わるものの一人だから疑問を抑えきれず、情けなく悔しい思いもした。

なぜ子育て支援かについて、保守政治家の動機は子どもの健やかな発達・成長よりもむしろ女性労働力の動員に主眼があるのだろう。問題の焦点が、いつも待機児童の解消という形で説かれるのはそれをよく物語る。政治・行政の視線が本当に子ども自体に向かうのは、まだ先のことと心得ておくほうがよい。保育界も今までのお上にお任せ主義を大いに自己反省し、研鑽と実践を重ねることによって、子育ての意義がより広く深く認知されるよう努力しなければならない。

こうしたことを考えると、肝心の財政支援の担い手である政治・行政のシステムに対しても、子育てシステムの相性はよいとはいえないことがわかる。巨大な総体システムに新規・弱小の子育て歯車をうまくははめ込むのは思うほどやさしくない。しかし、そうしたとりとめのない次元の話は打ち止めにして、もう少し身近でより緊密なつき合いを必要とする教育というシステムとのかかわりに目を向け、さらに子育てシステム相互の関係を検討しよう。親類関係の諸システムのなかで、前者はいわばタテの、後者はヨコの噛み合いの良否をみることになる。

▼教育システムのなかの軋み

就学前保育にとってもっとも直接の結びつきがあるのは小学校だ。この噛み合いは、以前はうまくいっているなどとはとてもいえなかった。よい例は、ひらがなの読み書きである。はるか昔——といっても戦後しばらくは、幼児にはひらがなの読み書き習得はおぼつかないとみなされていた。筆者は戦前に幼稚園に通ったが、当時ひらがなが読めたりするとしきりにほめられたものだった。今は逆に、小学校入学直前に少なくともひらがな1字ずつなら読める（拾い読み）のが普通で、読めない子どもはまれだろう。

その中間には、当然移行の時代があった。およそ、1970年代くらいのように覚えている。字の読める子どもが年ごとに増えてきたのである。しかし、その理由はよくわからなかった。ちょうど幼稚園の普及期だったこと、エスカレーターシステムをとる有名校の附属幼稚園はかなり高度の知的課題による入園試験を課していたことなどが手伝い、幼稚園で文字を教えることが理由だろうと考えられるようになった。

この時期、小学校入学時点での子どもの読み書き能力には大きな個人差が生まれ、当時の画一主義の小学校教育には大きな負担になった。自然、文字教育への犯人探しが始まる。加えて、当時の時代思潮は早期教育には批判的だった。双方相まって、幼稚園教育が名指されたのだ。

幼児の読み能力向上の初期に、小学校側からしきりにいわれたのは、幼稚園で未熟な文字指導が行われるので誤った書き順や困った書きぐせがつく、幼稚園では教えるなというものだった。整列や行進、自席につく、名前を呼ばれれば返事するなどの集団規律については、幼稚園教育の成果を利用しておきながら勝手なことをいうものだと、筆者は少々あきれたのを覚えている（戦前、幼稚園や保育所の普及していなかった時代の小学校の入学当初の様子は、ちょうど現代の幼稚園と同じだったといっても、今の人には想像もつくまい）。

その後も、しかし、読める子どもは増える一方だった。国立国語研究所は毎年幼児の読字率の調査をしていたが、ほぼ100％に達したので、もはや意味がないとして打ち切ったのもこのころだった。こうなると、小学校の論調も次第に変わり、逆に幼稚園・保育所でしっかり文字を教えてほしいとする要望が目立ってきた。そうして、各地域で幼小の連絡会議がしきりに開かれるようになった。

これらの経緯をみていて痛感するのは、第一に幼小の一種の上下関係である。せっかくの連絡会議も、幼稚園側からの主張は薄く、多くは小学校側の要望通達で終わっていたような気がする。多年の慣行といえばそれまでだが、対等の論議を尽くすようにならなければ、本当の連絡にはならない（同じことは、小中や中高の関係についてもいえるのではなかろうか。学校序列の慣行も、見直しの時期にきているように思われる）。

第二に、あとに述べる幼稚園と小学校、幼稚園と保育所の成り立ちの違いが一般には十分に理解されていないままに幼稚園だけが学校序列に組み込まれ、その意味での不平等が解決されなかった点である。近年まで、幼稚園からは幼稚園幼児指導要録が小学校には伝達されていたが、保育所は学校ではないという理由で、保育所と小学校間には何の連絡もないままに小学校進学が行われてきた。小学校側の不平・不満が保育所に集中するのは一つにはこうした連絡の不備があったからだろう。現状は保育所児童保育要録の伝達など、だいぶ改善されてはきたとはいうものの、お役所の縄張り争いが子どもの扱いに偏りをもたらしているのは、何とも残念な話だ。

余談になるが、幼児の読み能力を促進させた張本人は本当は誰か。ここで簡単に論じるにはあまりにも重い課題だが、いくつかの要因が重なり互いに促進しあって生まれたというよりない。

時代環境の所産といい換えたらよいのだろうか。心理学の世界では、近年子どものＩＱは、世代を追うごとに上昇しているのがみられる。研究者の名を借りて、フリン効果[†]と呼ばれているのだが、読字率の向上も広い意味でのフリン効果の一種だろう。近年の学力低下論と考え合わせるとこれは奇妙な話だが、単純な犯人探しと幼小の食い違いも、この変種フリン効果が否応なく浸透したために、納得のいかないままいつしか解消されたのは幸いだった。

だが、小学校はまだよしとしても、そのうえの中高との関係となると、依然、就学前保育（教育）の意義はほぼ無視されている。筆者は２００７年から５年間ほど、教員資格認定講習の「子どもの変化」という分野の講義に携わり、多くの中学校や高校の教員の要望を聞いてきた。流行《はやり》の発達障害については、多くの人がかなり理解をもっていると感じたが、その一方、虐待後遺症は中高であらわれ、ときに発達障害と見分けのつかない問題を呈することには、ほぼ認識がおよんでいないことを痛感した。

スクールカウンセラーは、元来、中高に配置されていた。しかし、身体医学と同様に、精神衛生も治療よりは予防が大原則である。中高への配置は対症療法に追われたあと追い政策ではある

† ニュージーランドの心理学者ジェームズ・フリン（Flynn, J. 1934－）が発見した、先進工業諸国の人々の平均知能指数（ＩＱ）が年々上昇し続けているという現象のこと。

まいか。近年ようやくそれが気づかれ、次第に小学校にもおよびつつあるようだが、虐待の急増を考えるなら、重点はむしろ就学前に置かれねばなるまい。これは幼保界の罪ではないが、歯車は小学校との関係に比べても噛み合いが弱いどころか、宙に浮いているありさまといわねばならない。

総括して、学校体系という親族システムのなかですら、就学前保育（教育）の歯車は、ほかとうまく噛み合わず浮きあがってさえいる。これでは、日本の教育体系全体が心もとないといわねばならない。その原因の一つは、すでに述べた幼稚園と保育所の噛み合いの悪さにある。双子同士の折り合いが悪いのに、兄弟関係などを説くのは早すぎるといわれることだろう。この問題は、あとの幼保一元化の章で改めて検討したい。

2章　しつけ困難の時代

しつけの社会・文化的背景

▼子育てと文化

文化と書くと、ルーブル美術展や漱石全集から始まって、ファッションや最新レジャー施設など、何やら華やかなものが連想されるのが常だ。これらが人間のつくりだした最上の文化的産物であるのは疑いない。

しかし、文化の意味はもっと広い。テレビなどでよくサルの文化ということばを聞くことがある。幸島《こうじま》[†1]のニホンザルは、たまたま海水につかった芋では泥が落ち、塩気がついて味が増すことを学習し、以後多くのサルが意図的に芋洗いをするようになったという。文化ということばは、もともとは耕作を意味する。それまでは採集に頼っていた植物を栽培することによって、よりよい食物をよりたくさん、また効率的につくりだす——拡張すれば的確な生産技術によってよりよい生活をつくり、それを普及することが原義である。とすれば、サルのこうした行動を文化と呼んでも差し支えはない。

こう考えると、何か有益な物品をつくりだすというだけではなく、もう少し広く、たとえばよい習慣、振る舞い、考え方など、ひいてはもろもろの制度、行動様式などの創造と普及も文化と呼んでよい。文化は、その意味で社会的に共有され、また世代を追って伝達されるものでもある。幸島のサルは、若い個体ほど進んで新しい食べ方を学びとったのに、高齢のサルは容易に受け入れなかったという。ヒトの社会にも似て思わず苦笑させられるが、文化には創造と伝承、つまり保守と革新の両面が必然的にともなうことを考えに入れておかねばならない。

本題の文化の問題に返れば、ヒトの子育ては哺乳類としての生物学的本能に基づくものではあるが、チンパンジーなどと比べても、文化としての側面は広く深いことが注目される。たとえば、人工授乳といったこと一つをとっても文化的創造が子育てに関与する大きさが知られる。

身近な例なら、「公園デビュー」をあげてもよい。都市化が急激に進めば、あたりはマンションだらけとなり、ドア一つで隔絶されてしまう。隣にどんな人が住んでいるのかすら知らない人が多くなる。街に余分な空き地などはないから、都会の遊び場は小さな公園に限られる。自然、皆が子どもを公園に連れて行く。こうして、公園デビューは始まった。

ここで少し昔の時代を振り返ってみよう。かつての日本には、今は死語となった「向う三軒両隣り」ということばがあった。近隣社会には、緊密な人間関係の網の目が張り巡らされていた。子どもの世界も同じだ。大都会のごくごく中心部を除いて、どこにも地域の子どもが自然に集まるような寺院や神社の庭、原っぱや広場があり、都心部でも路地裏や川辺など、遊び場にはこと欠かなかった。頑是《がんぜ》ない幼児たちのうしろには、常にそれを見守る近隣の大人や老僧の姿があった。もう少し年長になると、子どもたちの集まりには自然にリーダーが生まれ、徒党を組んでいわゆるギャングエイジ[†2]ができあがった。リーダーに率いられて、子どもたちは地域を探索し、お化け屋敷探検などに挑戦し、隣町のギャングエイジと小競り合いをし、ときに悪さで大人をてこずらせもした。

---

†1　宮崎県串間市石波海岸から200メートルの沖合の島。石波海岸には、京都大学の霊長類研究施設が存在する。
†2　子どもが集まって、さまざまな遊びを行う閉鎖性の強い徒党集団のこと。小学校の中学年（10歳前後）になるとあらわれる。

ギャングエイジという名前からはマイナスのイメージを思いがちだが、自然発生的な子ども集団は健全な発達にとって必然的ともいえる。たとえば、野外活動によって思いがけない体力がつくのはいうまでもないが、人間関係にも、さまざまなプラスがある。こうしたつき合いから子どもはリーダーや部下の役割、ひいてはリーダーにはどんな適性が必要かをも学ぶ。魚釣りや凧揚《たこあ》げなど、学校では出会わない課題にも直面し、学業以外にもどんな才能があるのかを知る。一見反抗的なようにみえても、集団の力を借りて一人ではできない自立性を勝ちとることを覚えたのかもしれない。こういう大切な発達の場が用意されていた。

ギャングエイジ活動の重要さを知って、それが社会的に組織化される場合もあった。薩摩藩の武士階級では、郷中《ごじゅう》と呼ばれる町内の青少年組織に幼児期から参加し、さまざまな訓練や活動を行うことを奨励していた。幕末の薩英戦争に際してこの組織を知ったイギリス士官が本国に帰り、これにならってボーイスカウト組織を創設したという説もある。このように発展すれば、それを立派な子育て文化と呼んでも異論はないだろう。

▼公園デビューは新しい文化になるのか？

子どもは家族のなかで成長を続けるが、やがて仲間という新しい人間関係を求める次の段階に進んでいく。この様相には、昔も今も変わりがない。母親は、子どものこうした要求をほとんど本能的に感知する。だからこそ、安全な公園という遊び場を求め、同じ年頃の幼児たちも期せずして集まってくるのだろう。そこにあるブランコや滑り台は、直接子どもの遊び欲求を満たすものとして大切なことはいうまでもない。しかし、もっと大切なのは、それらを媒介にして仲間関係が生まれることだろう。

現在の都市化地域は、前述したように互いに孤立したマンション住まいが多く、人間関係は貧しさの一途をたどっている。子どもの人間関係もそれに比例している。安全な遊び場が手つかずで残っているようなところは、奇跡に近い。それに代わり、公共施設としての小さな公園が処々方々に整備された。となれば、子どもを連れて行くのはきわめて自然なことだ。地域から生まれる自然な遊び場や仲間が消えてしまった今、公園デビューはそれらに代わる巧妙な知恵とみえる。

では、これを新しい子育て文化の誕生として歓迎してよいものだろうか。確かに、公園デビューは、現在の八方困難な状況のもとでは難点の少ない解決策という意味はあるだろう。しかし、筆者には、やはり大きな問題が残るように思われてならない。

問題とは、仲間関係がどんな仕方で結ばれていくかにある。自然発生的な子ども集団では、仲間関係はあくまで子ども自身の相性によって形づくられた。ガキ大将といわれる子どもにも、どこかリーダーシップがあり、それが年少児を信服させる理由になっていたのだろう。力ずくの支配は、素朴な子ども同士の関係では長続きしない。その意味では、年長児も年下の子どもから暗黙の批判を受けて成長する。そういう相互性原理がはたらき、ギャングエイジ集団は次第によいバランスを保った状態に自然に到達する。

公園デビュー集団ではどうだろうか。残念だが、こちらはそうなっていない。公園の多くはさして広くないのは我慢するとしても、幼児集団を見ていると、母親が監視の目が届くようにと、公園のなかでも砂場という一画に、ほぼ同年齢の幼児が集中しているのに気づく。ここでの相互関係は、幼くしかも同年齢、狭くて自由な活動の余地がない、遊びの種類も限られているなどの制約のもとにあり、乏しい範囲に終わっている。何より問題なのは、すべてが母親の管理下にあるということだろう。幼児は、確かに早くから「貸して」「入れて」のような社交用語は覚える。それ自体悪いとはいえないが、自分の体験からではなく母親のオウム返しにとどまり、本当に身についているのかには疑問がある。幼稚園や保育所に入って仲間との葛藤を体験して、やっとこれらのことばの意味がわかるというのが本当のところではなかろうか。

こういう情勢を憂えて、小学校でギャングエイジを組織しようとしたという話をきいた。危機意識には共感するが、学校でということになると公園デビュー以上の管理主義になってしまうのではなかろうか。そのくらいなら、ボーイスカウト・ガールスカウトのほうが、はるかにましだろう。幼稚園や保育所でも、異年齢混合保育が奨励されているのも同じ動機からきているのだろう。しかし、安全第一の管理主義が行き届いている今の就学前施設では、本当の意味での異年齢混合保育は望むべくもないのは小学校と同様ではなかろうか。

モンテッソーリ方式の幼児園――子どもの家と呼ばれている――を昔見学したことがある。ここでは、すべてのクラスが3歳から5歳までの縦割り小集団になっていた。年長児がきわめて自然に年少児の世話をしていたのが印象的だった。ここではまた、調理の訓練もしていた。そのとき、小さいながらもよく切れる本ものの包丁を使っていた。おどろいて訊ねると、子どもは本ものほど慎重に扱うから大丈夫という答えだった。ローマのスラム街で貧しい幼児たちの補償教育を実践したモンテッソーリ（Montessori, M. 1870 - 1952）は、子どもたちの生活全般にわたって成長力を身につけさせる必要を痛感していたのだろう。現在のモンテッソーリ法は、早期知的教育の典型とみなされているが、それは本意ではあるまい。切れる包丁に象徴される真剣さが、あらゆる場面で画期的な方式を生みだしたとみるべきであろう。その一環に縦割り小集団があるのだろう。どうせやるなら、この程度まで踏み込まなければたいした成果は望めまい。

総括して、公園デビューに象徴される現代子育ての知恵は、とても新しい文化を生みだしたとはいえそうもない。せいぜい窮余の一策にとどまっている。

▼しつけとは何か

ここで少し回り道し、しつけの意義について考えてみたい。和字は「躾」と書く。しつけとは、仕つけ糸などのことばにあらわされているように、もともとは確かにつくりつけるという意味だそうだ。だから「躾」は、字義通り、行儀作法の注入と理解されてきた。アメリカの心理学テキストにも、ひところしつけは条件反射的によい習慣を注ぎ込むことだと書いてあった。これらの解釈には、他者に不快を与えない振る舞いの訓育からはじめて、順次善悪の判断を教え込むという意味が共通に認められる。

この考え方は、いかにももっともである。だから、トイレットトレーニングとかお箸《はし》のもち方などがしつけの第一歩となり、誰もその必要性を疑わないし、遅れは親の頭痛の種となっている。しつけは万人共通のものとみられているのだ。

本当にそうだろうか。それなら、なぜ保守政治家や石原慎太郎前都知事・橋下徹大阪市長などが、声をそろえて家庭のしつけがなってないと繰り返すのだろうか。排泄のしつけその他が万人共通の目標なら、そうした疑問は起こらないはずだ。ここでよく考えてみると、問題はそんなに単純ではないのにやっと気づく。

先に善悪の判断と書いた。殺人、盗みなどが万国共通の悪であることには疑問の余地がない。しかし、それらのいわば大悪を除けば、判断は必ずしも一様とは限らない。しつけにも、実は同じことがあてはまる。排泄のしつけが大切なことは、万人が認めるだろう。だが、一人の親は2歳までにはと考えるのに、もう一人は小学校に入るころには何とかなるだろうと、あわてる気配がない。保育所のアドバイザーをやっていると、ことごとにこのような違いが目につく。そうして、すべての親が同じようにしつけてくれればどんなに楽だろうと、つい都知事のようなせりふがでてきてしまう。いったいどこから、こうした差が生まれるのだろうか。

万人共通とみえる目標も、掘りさげてみれば一様ではない。ここで考えてみると、しつけにも、実は善悪のような、はるかに抽象的で高次の判断がかかわっていることにようやく気づかされるのだ。善悪は共通に守られるべき規範だから、それは社会性の基礎でもある。しつけは、こう考えると社会化の第一歩といえる。

だが社会性はとなることは簡単ではなく、その目標は必ずしも一致しなくなるのに誰しも気づく。それは、結局人間性とは何かという、より奥深い問題につながっていくからだ。さらには、政治・経済・社会的思想にも連なるだろう。政治家がしつけの問題に口をだすのも、もっともなのである。

なぜ過去の時代には、しつけの目標に迷いがないとみえたのか、ここまで考えるとさらに奥深い問題に突き当たる。人間性の理想――善悪という大問題には、多くの人の意見が一致していたからだ。すると、その根底にはやはり宗教を典型とする社会的基盤があったということに気づかされる。万人の一致とは、結局「信仰」という二文字にほかならない。しつけを考えるには、宗教問題を避けて通るわけにはいかない。

▼アメリカにおけるしつけ観の変遷

しつけとは、行儀作法の注入とか条件づけの異名とかいわれていた時代に、その別の側面にいち早く注目したのは、アメリカの文化人類学者のマーガレット・ミード（Mead, M. 1901 - 1978）やマーサ・ヴォルフェンシュタイン（Wolfenstein, M. 1911 - 1976）らによる『現代文化における児童期』という著作だった。† 筆者もこれを読んで、目からうろこの感じを覚えたことを思いだす。もう50年以上前の論考だが、しつけについての固定観念が根強く維持されているのを思えば、今でも輝きを失っていないように思われる。

ミードらは、アメリカにおける代表的な育児雑誌にあらわれた記事の論旨を分析し、そこに示される理念を年代にしたがって追っていくという、当時としては画期的な方法を用いてアメリカのしつけ観の変遷を明らかにしようと試みた。その年代は、ほぼ3期に分けられている。

アメリカは、いうまでもなくカトリックの支配するヨーロッパを見限ったプロテスタントによって建国された。建国初期のしつけ観にはプロテスタンティズム、なかでもアメリカ独立宣言の思想的基盤になったカルヴァン派の教義（カルビニズム）の影響がきわめて強いという。

カルビニズムの中核は原罪思想と預定恩寵《よていおんちょう》にあると、ミードらはいう。原罪はもともとキリスト教の中心教義だったが、これに対してカトリック教会が免罪符を売るといった腐敗と堕落に抗議してプロテスタント（異議を唱える人）が興っただけに、カルビニズムではそれがことさらに強い。しつけ観と方式にも、その影響は強く現れる。人間は原罪を帯びているので、乳児といえどもほしいままに要求を満たしてやれば、結局、欲望成就を目指す悪の罠に陥ることになる。必要以上の要求の充足——快楽は、最初期から抑制されなければならない。たとえば、乳児が目覚めればできるだけ早くベッドからだし、冷たい外気に当てるのがよい。必要な睡眠がとれたのに、その後も暖かいベッドに置くのは無用な快楽を与えることになるからだ。建国初期の育児書

---

† M. Mead, & M. Wolfenstein, (eds.) 1955 "Childhood in Contemporary Cultures" Chicago, The University of Chicago Press.

には、こう説かれているという。

右の一例だけでも、その厳しさが知られよう。つけ加えるなら、カルビニズムでは、一人ひとりの人間は神の道具であり、その栄光を地上にあらわすことによって救済の確証を得ようと努める存在である。子育ては、家庭の私事などではなく、神のみ旨にかなう人間を育てあげるための親の宗教的責務なのだ。厳しさは、当然のことである。

この文脈で問題になるのは、授乳やおしめ替えは、時間決めによるか要求にしたがって行うかの選択である。建国初期の育児書では、これは無用な要求の拒否という原則からみて、時間決め以外には考えられないことだった。

この厳しさの原理は、宗教的な根拠を忘れられたままに、次の第二期にも引き継がれていったと、ミードらは説く（「よい子のモラル」の時期）。いわば、社会一般に通用する善悪という規範を厳しく教え込んで子どもを育てるというしつけ方が正当とされた。ここでも、だから、時間決め授乳やおしめ替えは、子どものわがままを抑えるために大切という考えは変わらなかった。この原則に対して、１９５０年代になって注目すべき変化が起こった。アメリカのしつけ方式は、一変したといってもいい過ぎではない。今までの厳しさから緩やかへ、禁欲主義から欲求開放へとほとんど１８０度の方向転換が行われた。

この方式は、ミードらにより「ファン・モラリティ」(「楽しみのモラル」、もっといえば「享楽倫理」となろうか)と名づけられ、社会学をはじめとする諸分野で一躍流行語となった。その衝撃のほどが知られるが、一口にその原則とは、字義通り人生の目標は欲求の充足——楽しみの追及にあるとする。当然、育児の目標も親子双方にとっての楽しみの充足に置かれ、誤って苦行にしてはならない。子どもの欲求はすぐに満足させるのがよく、時間決めの授乳は無用の不満を与えるからとるべきではない。この点では、幼児期の欲求不満は、のちの神経症やゆがんだ性格をつくるから有害とする精神分析の主張は、強い援軍となる。

ではなぜ、こうした劇的な転換が起こったのだろうか。人によっては、前記のフロイト(Freud, S. 1856 - 1939)の学説が大きな影響を与えたとして、日本でも広く読まれたベンジャミン・スポック(Spock, B. 1903 - 1998)の『スポック博士の育児書』にみられる精神分析の主張をあげる。たしかに、心理学の学説も一つの支えにはなったであろう。しかし、フロイトの説が多くの人を動かすほど広く読まれたとは思えない。ミードらによれば、変化の真因は別なところにある。

1950年代から、アメリカはいわゆる大衆経済(マスエコノミー)の時代に入った。フォードによる自動車の大量生産革命は、はるか以前のことだが、この時代になるとあらゆる物品にこの大量生産方式が普及する。しかし、ものが安く便利に店頭に並ぶからといって、それを買う人がいなければせっかくの生産技術革命も役には立たない。つまり、大量の消費者を生みだすことがこの革命の鍵を握る。こうして、「消費の美徳」というスローガンが生まれ、それが人々の思考や行動の新しい規範――文化になっていく。「享楽倫理」は、しつけ方式へのその延長であり、新しい子育て文化の到来を告げるものだった。

▼しつけの意味

しつけ方式の変革は、実は新しい思考や行動様式、新しい価値の到来を予告するものだった。ここから、ミードらは、しつけの意義について重大な提言を行っている。

しつけとは、条件反射的に行儀作法を注入すること、そう思われてきた。たしかに、発達初期には、この原則は重要である。しかし、その代表となる排泄のしつけを例にとってみたらどうだろうか。かつては、このしつけは遅くも2歳までにはできていなければと考えられていたし、実際に大部分の子どもはそれを達成していた。今はどうか。昔の基準を守って、せっせとトイレットトレーニングに励む親もいないではないが、紙おむつ任せという人が多数派を占めつつあり、保育士だけが孤軍奮闘しているというのが実情に近いのではなかろうか。保守政治家がしつけの貧困を嘆く理由にもなっている。

しかし、見逃してならないのは、これがただの怠慢ではないということだ。かつて我慢第一や努力主義の価値観が社会一般の規範であったものが、次第に便利・快適・自由の方向に変わりつつあることが、しつけ方式にも反映されているに過ぎない。親も子も、定時にトイレにいくことを難行苦行と感じ始め、もっと気楽にやろうとしているからなのだ。

なぜ、価値規範の変化、大きくいえば文化的変容がいち早くしつけに反映されるのか。子育ても文化の一環だから、連動して動くことはあるだろう。しかし、ミードらの提言には、もう少し深いものがある。消費の美徳の時代に、昔ながらの勤倹《きんけん》努力を守る人間は時代遅れ、不適応になりかねない。テレビという共通の話題がなければ、幼児同士の会話にも入れない。親は意識的・無意識的にそれを感じ取り、「もっとも可塑性《かそせい》に富む乳幼児期に、いち早く明日の価値を子どもに導入しようとする試み」、それがしつけだというのである。排泄のしつけという苦行に耐える子どもは、便利・快適・自由のIT社会に適応的なのか、それより黙ってテレビをみてくれるほうが、親も助かり子どもも快適、そうした直感がしつけの遅れにやはりはたらいているのではなかろうか。

ミードらの見解は貴重なものだが、アメリカという新しい文化のなかで生まれた発想だから、少しもの足りない点がある。アメリカには長い歴史はなく、その意味で伝統に対する執着は薄く、価値転換も比較的容易に行われるのだろう。しかし、日本もそうだが、長い歴史をもつ文化では、古い価値を簡単に捨て去ることはできない。しつけは、古い価値の伝承の場でもある。だから、ミードらの意見は多少修正の必要がある。しつけとは、昨日の価値と明日の価値との葛藤のうえに成り立つものである。変化の緩やかの時代には、この新旧の葛藤がいずれ妥協点を見いだし、次の時代の価値が緩やかに醸成されていったのであろう。

▼日本のしつけ困難症状――昨日と明日の価値の対立

こう考えてくると、今の日本のしつけ困難症状は理解しやすくなる。昨日の価値は何となく揺らいでいるのがわかるが、しかし、明日の価値ははっきりとはみえない。社会一般に通用する規範が見失われ、親の頼るべき基準がみえないのだ。

こういう価値葛藤のもたらす、わかりやすいが深刻な例をあげておこう。筆者の仲間たちが両親の子育て態度のアンケート調査をした結果によると、都会環境のもとでは男の子に対する評価は女の子よりはるかに低いという。父親からみると、今の男の子は柄は大きいくせに体力に乏しい、それだけでなく覇気がなく冒険を避けたがり積極性に欠ける、どうにももの足りないといった感じであるようだ。一方、母親からは、男の子はことばが遅い、排泄をはじめしつけがしにくい、片づけが苦手などいうことをきかない、一口にかわいげがないと判定されている。これでは、男の子はどちらを向いたらよいか、途方にくれることだろう。一方、女の子については、両親ともまずまず満足という答えが多いようだ。

かつての男児尊重は、影を潜めた。そんな時代があったことすら、現代の若者には思いもおよばぬことかもしれない。男の子は、通念に反してもろく傷つきやすい。自閉症、その他の障害の発症率は女の子よりはるかに高い。自閉症では女児のおよそ3倍、はやりのADHD（注意欠陥・多動性障害）は、アメリカでは女児の約20倍という信じがたいようなデータもみられる（筆者はこうしたあいまいな兆候をすぐに病気仕立てにするレッテル貼りには大反対だが）。大都市地域ではとくに、これからますます男の子の育ちには問題が増えていくようにみえる。

ここでの父親のしつけ方針は、体力・気力、あるいはリーダーシップなどが社会的能力として尊重された時代、その意味では過ぎ去りつつある時代の規範を反映しているようにみえる。前のことばを使えば、昨日の価値の注入が目指されている。これに対し、母親の態度は反対にIT企業が全盛を迎えようとしている今、もはや体力やリーダーシップではなく、知力や協調性が大切、男女差も重要ではなくなるから、男だからといって特別のしつけは必要ない、そういう主張のあらわれであろう。こちらは、いわば明日の価値に敏感といえる。問題は、この昨日と明日の価値葛藤が適切な着地点を見いだしていない点にある。現在の日本の姿そのものだろうか。

もう一つ、価値葛藤について見逃すことのできない問題に触れよう。新自由主義の子育て政策は市場原理に立ち、すべてに効率化を強調した。私たちの「エデュ・ケア21研究会」でも、当代の代表的新自由主義経済学者が、調理室は必須ではなく信頼のおける集団給食に任せてもよいのではという話をしたところ、出席の保育所関係者から子ども一人ひとりのために心をこめて食事をつくる、それを否定するような政策には断固反対という激しい反発がでて、結局妥協点はみつからなかった記憶がある。

筆者は効率化を否定する者ではなく、今の財政大赤字時代には何より大切とすら思っている。しかし、それにしては、保守政党の政策には何ともチグハグな感じを受ける。新幹線をはじめとするコンクリートには予算を惜しまないのに、なぜわずかばかりの保育所の給食費に効率化を求めるのか、そのアンバランスが理解できない。認定こども園化を望む幼稚園が、調理室設置に難色を示しているのに配慮したということだろうが、こうした論調が優勢となるにつれて育児政策論に登場するのは、経済学者ばかりというありさまになった。子どもか、経費か、というゆがんだ対立のみが目立つ。少子化対策にしても同様に、子どもは将来の労働力という観点からの議論ばかりという印象を受ける。

結果論だが、子どもはそれ自体が価値だというのが昨日のものなら、人としてのメリットは経済的業績――平たくいえば儲けられるかどうか、労のみ多く功少ない育児は避けるべし、というのが明日の価値という葛藤が生まれ、着地点どころか救いのない対立をもたらしている。多くの両親が子育ての意欲を失い、ひいては子どもはもたないという夫婦も増え続けている。

こうなっては、次の時代によく適応する人間とは何かは、個々の親によって異なり分裂するのを避けがたい。ある親は、昨日の価値規範にしがみつき、よい大学、よい就職を目指すが、別の親は、みえない未来を模索して何かを発見しようともがく。現状は前者がなお多数派を占める過渡期――偏差値競争の時代だが、やがては混沌の状態が訪れるだろう。そうなっては遅いのだ。

しかし、今のところは手軽な救急策はないように思える。個々の親が自分の見識にしたがって、理想を追求する姿勢が、子育てに反映されてほしいと願うばかりであるが、根本的には、私たちがどんな明日を目指すのか、政治・経済・社会全般にわたっての解決が必要とされよう。

3章　子育て危機の原因

経済的貧困と人間関係の貧困

▼子育て困難を加速する条件①――二つの貧困がもたらすもの

昨日の価値に貶められ、もはやかつての力を失いつつある日本の子宝文化についてはあとに触れるとして、その喪失がもたらした、しつけ困難症状の原因でもあり、結果ともなって悪循環を引き起こしている、さまざまな社会的変化に触れないわけにはいかない。これも述べ始めればきりもなくなるが、大きな問題のみを指摘しておく。

1990年代のはじめまで日本の児童虐待件数は、ほぼ年間2000件の線で安定していた。しかし、90年代後半になると急速に増大し始め、その後の15年ほどの間に20倍を越し、今では年

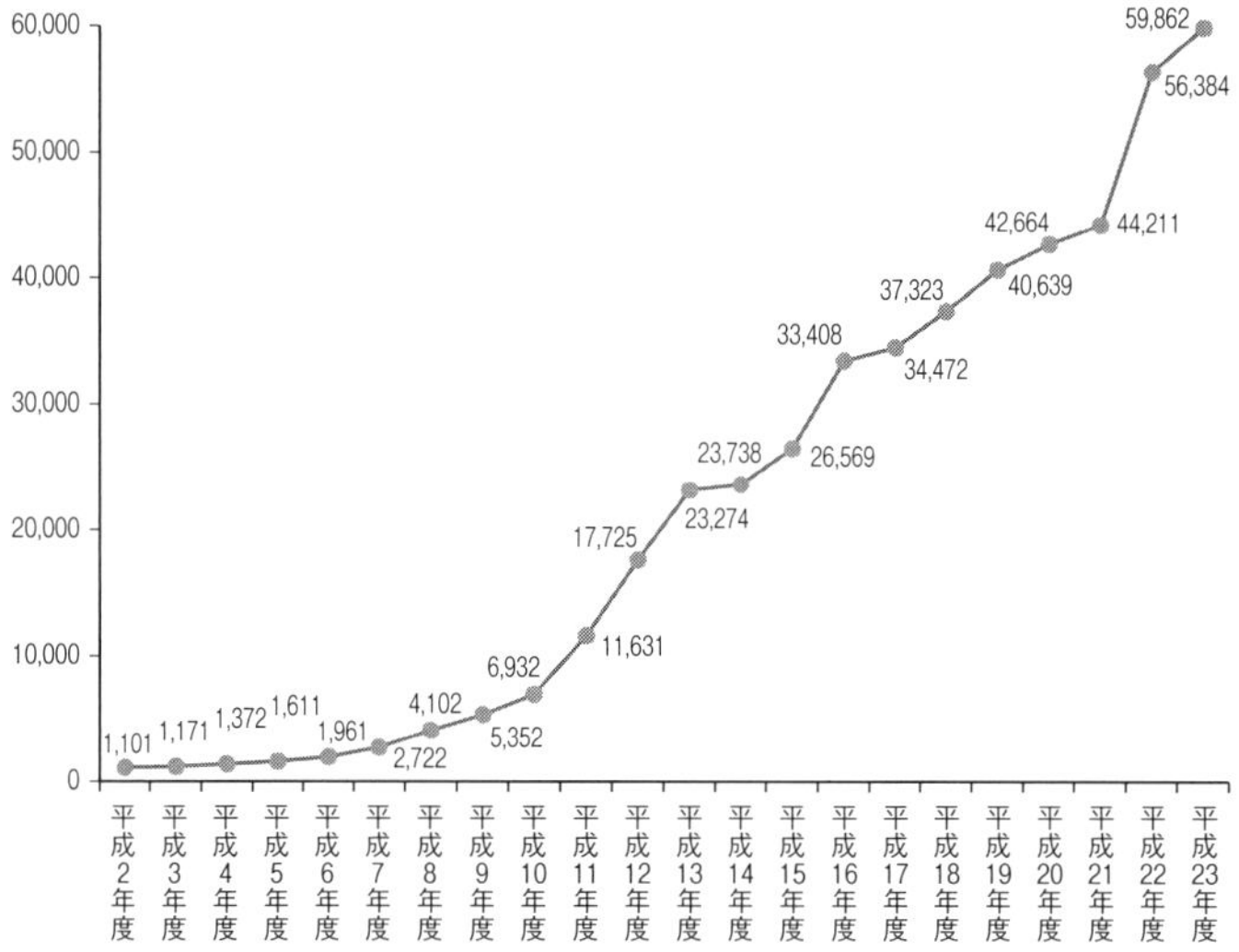

［図２］児童相談所での児童虐待相談対応件数
（出所：平成24年７月26日厚生労働省発表より）

間６万件[†1]を上回ろうとしている。この急増ぶりは不登校増大の初期と同じ様相を示し、このままいけば、まもなく虐待先進国の仲間入りとなろう（図２）。

90年代後半とは、どんな時代だったのか。簡単にいうと赤字国債が急増し、一方80年代にアメリカとの間で内需振興を約束させられ、放漫な貸しだしが続いて地価の高騰を招いた末の金融破たんが起こった時期である。財務省が国民一人当たりの借金が何百万円という数字を提示し、後世に負担を残すなが強調され始めた時期でもある。かつての日本はＯＥＣＤの統計でも、もっとも上下の収入格差が小さい国とされていたが、このころから格差が開き始めた。自殺者が増えるという現象も指摘された。これらは、相まって日本の社会に責任感や意欲の衰え、社会学者のいうアパシー[†2]やアノミー[†3]の色濃い雰囲気をつくりだしたように思われる。

実際、国債の借金が生まれたばかりの赤ちゃんまで含めて、何十万円といわれたころにはさほどという感じはなかったが、百万円といわれると大変だと実感し、何百万円といわれるようになると、一家総計で何千万円、これはとてもダメという感じになる。国家の財政規律の喪失は、個々人の無力と投げやりの感覚を助長したことは否めない。政治家もしつけがダメなどというまえに、その半分くらいは政治的無責任が間接にもたらしたものではなかったか、よくよく反省すべきではなかろうか。

虐待の増加とアパシーやアノミーとの直接の因果関係は考えにくいが、それでも育児不安を促すなど、マイナスの影響は避けがたい。確実なのは、格差の拡大にともなう貧困層の増加は、児童虐待を加速することだ。統計資料によると、生活保護所帯など、収入の低い層ほど虐待の発生率が高い。人によっては、貧困こそ虐待の直接原因だと説く。筆者は、しかし、同じく低収入の階層にあっても、虐待に走る家族とそうではない家族は分かれるのだから、貧困は直接の原因というよりはむしろ間接因であり、たとえば家族内の葛藤を悪化させるなどの直接因に結びつくと考えるほうがよいと思っている。けれども、それはおいて、貧困がさまざまな仕方で虐待に結びつくことは疑いない。その意味では、貧困率が一時期アメリカに次いで2位を占め、今も高いほうに属することは何とも悲しい限りである。

なぜ格差は拡大するのか。これについて、従来有力な説明とされたのは、そのなかばは高齢者が高額の資産をもち、そのうえ手厚い年金を受領しているからというものだった。筆者もこの説明はうなずける、年金を多少削っても児童向けの予算充実へ振り向けるべしと思っていたのだが、最近の新聞によると、フランスの経済学者の比較研究では、日本でも超高額所得者がたくさん現れているという。アメリカは最上位1%の人が国民所得の25%を得ているということで、99%というプラカードを掲げたデモ（ウォール街を占拠せよ）は、新聞でも報道され有名になった。ところが、この研究によるとアメリカの最上位1%の所得は全国民所得の20%よりやや下、日本の

†1　全国の児童相談所が平成23（2011）年度に把握した児童虐待件数は、5万9862件（速報値）となった。平成22（2010）年度は東日本大震災の影響で福島県が未集計で79頁の表には入っていない。
†2　無気力や無感動な態度。また、そのような状態のことを指す。
†3　社会の規範が弛緩したり、崩壊することによる、無規範状態や無規則状態を指す。フランスの社会学者デュルケーム（Durkheim, E. 1858 – 1917）が社会学の概念として最初に用いた。

最上位1％は全国民所得の約7％になっていた。

ちなみに中国の知識人は、よく自国では上位5％の人が国民所得の65％を得ていると真顔でいう。どこまで真相なのかはわからないが、世界各国で格差は増大しつつあるのだろうか。このまま格差が大きくなっていけば、児童虐待やその他の児童問題が増加の一途をたどることは確実だ。経済学者の真相解明と政治家の政策対応を強く求めたい。

経済的貧困に並ぶ大きな問題は、すでに指摘した都市化地域における人間関係の貧困である。これについては、もうくどくど繰り返すまでもないだろう。私たちは、高度経済成長とともにひたすら便利・安全・快適・自由を合言葉にして開発を進めてきた。おかげで24時間営業のコンビニエンスストアは全国にいきわたり、深夜でもまったく不自由はしない。マンションのドア一つ閉めさえすれば、静かでしかも他人に煩わされない自由な空間を確保できる。しかし、それらはただではなかった。

いたるところマンションばかりの居住地は、はたしてコミュニティとか、地域社会などと呼べるのだろうか。人間関係はきわめて貧困というより、それを避けたい人々がつくった居住空間だからこそ、こうなっているのではなかろうか。親がそうであれば、子どももそうなる。窮余の知恵で公園デビューを始めてみたが、どの子も自由に出入りできるところは少ないという話もある。

先にデビューさせた母親同士が、仲よしグループをつくるのはよいとして、あとから来る母親と子どもはできるだけ締めだすのだそうだ。親のもつ閉鎖的な人間関係は、子どもの仲間づくりにも何がしかの影響をおよぼさずにはいないだろう。日本の若者では、「優しい」というのは自分に対してであり、他者にではないと冗談ではなく唱えられたことがある。世界でもめずらしい引きこもり現象の種は、すでにこのときまかれていたのかもしれない。

▼子育て困難を加速する条件②——家族の弱体化・人間関係の希薄化がもたらすもの

この貧困二重奏から、さまざまな厳しい問題が派生するが、これも二つだけ指摘する。第一は、家族の弱体化であり、人間関係の弱体化からほとんど直接に由来する。

かつての家族は、生殖と家系の維持、子どもの扶養と教育、先祖の祭祀、成員の結束と地位表示および安全と福祉、生産と流通、職業訓練、親族ネットワークの交点、地域活動の単位、社会規範のモデルなどなど、多様なはたらきをもっていた（過渡期の現在、社会福祉機能を家族が肩代わりしているという指摘がしばしばなされている。老親介護、パラサイトシングルや引きこもりなどの現状をみるとよい）。今はそのほとんどを失い、残るはわずかに子どもの養育、家族成員の信頼・承認・依存・安定欲求の充足という人間関係の発達・維持の機能のみといってよいだろう。

しかし、今の時代、この最後のはたらきすら簡単には維持できない。人間相互の信頼関係をつくるのは、さほど容易ではないことは誰しも経験している。「馴《な》れ馴《な》れしい」とは、親しすぎればむしろ節度を失いやすいことを意味している。また「愛憎は紙一重」ともいう。激しい感情の質は、案外似通っているかもしれない。もっといえば、愛情の極致とは無上の一心同体を求め、わずかの裏切りすらも許さない。こうなっては、ささいな食い違いから正反対の憎しみに転化していくとしても不思議ではない。真の愛情・信頼とは、こうしたもろく激しい一心同体感を克服したうえではじめて築かれるものだろう。夏目漱石は結婚について、「若年は未だし、老年は遅し」と書いている。結婚というあまりにも自然と考えられてきた人間関係ですら、こうしたプロセスを含んでいることの教訓である。

親子関係は、結婚以上に自然の愛情のうえに成り立つと信じられている。しかし、親子の間にもやはり相性はある。男の子はどうも苦手という母親もいれば、逆もある。エリクソン（Erikson, E. H. 1902 - 1994）は、その有名な発達学説で人生の最初期（生後1年間）の発達課題として「信頼対不信」をあげた。たとえば、何かの食べ物をとるにも、はじめから好物とは限らない。嫌いでも、親の根気よいしつけによって、必要な栄養が摂取できるようになっていく。こうしてはじめて、子どもは安心して親の食事の世話に身を任せることができるのだという。つまり、不信の克服のうえに、真の信頼感が獲得される。

信頼感は身近な養育者から広がって、やがてこの世界は生きるに値するという感覚の獲得にいたる。あとに説く養育者への愛着の確立が、生そのものの基盤としていかに大切かが知られると同時に、親子関係も実は天然自然とはいえないことを悟らねばならない。厳しくいえば、それは親子双方の努力と妥協の繰り返しによって、はじめてつくられていくものだ。むずかる赤ちゃんをなだめすかした経験をもつ親なら、誰しも納得することだろう。

しかし、一般的な人間関係の希薄化から、こうした葛藤を親子の間でも避けたがる気風が、だんだん強くなってきている。結果として、一方的に親のやり方を押しつける、反対に子どものいいなりになって親のいい分、ひいてはしつけを放棄するなどの例が近年は目立ってきた。こうして育った子どもは、成人してのちも真の信頼関係を築くのが難しい。最近の若者調査で20～30代の未婚男女の4分の1くらいは異性の交際相手をもたず、それに不満も感じていないとする報道があった。このような結婚回避は、引きこもりなどと同様に、しばらく前の子育て不全が形を成してあらわれてきた所産のように思われる。

人間関係の社会的な希薄化は、こうして因となり果となってさらに希薄化をもたらす。最後の砦《とりで》ともいえる家族は、果たしてどうなっていくのだろうか。個々人の福祉のうえからも家族は絶対と説く論者もあれば、今の時代に家族のような緊密な共同体を求めるのはもう無理、機会に応じて任意の緩やかな連帯を結ぶ集団があればそれで十分とする人もいる。それぞれ一理はあるのだろうが、後者の方向からは、発達の最初期の愛着は希薄化し、ひいては子どもが心身ともに健康に育つ途《みち》は、保障し難いように思われる。人間関係・家族・子どもの発達の貧困は、互いに加速し合って進行していくのだ。

第二の条件は、二つの貧困がからみ合って生まれる。経済的な貧しさは、結婚や出産をためらわせ、人間関係の貧しさは、家族という負担をためらわせる。二つが合わされば、必然的に少子化をもたらす。少子化は将来の労働力不足と年金財政の枯渇をもたらすと耳にタコができるほど聞かされ、すべてが功利的見地から論議されるのも、新自由主義のおかげかと嘆かわしくなるのだが、実は問題はそこにとどまってはいない。

少子化は、子育てに必要な知恵という社会資源を蝕《むしば》んでいる。それも、もう黙ってみていられる域ではない。小児保健の専門医原田正文氏が大量の資料によって幼児の発達と親子関係を追跡した研究は著名だが、そこに出産前に乳幼児との接触経験の乏しい母親ほど、子育て困難を感じている割合が高いという結果がみられる。[†] 困難を感じるほど、また当然だが子どもの扱いに適切さが欠けることになる。すると問題児が増え、結婚や出産をためらう親が増え……という悪循環が生まれる。

実際、身近な青年期の若い人たちに乳幼児との接触経験の有無をきくと、男女を問わず驚くほど「ない」と答える人が多い。かつての時代には、きょうだい数は多く、こうした経験をもたないほうがまれだった。仮にきょうだいはなくとも、親類や知人宅に行けば幼い子どもが至るところにいた。貧しい家庭では、4〜5歳にもなれば赤ちゃんの世話を任され、子守をするのはめずらしいことではなかった。自然、赤ちゃんは天使どころか手のかかるものという感覚は、誰しもいつの間にか身につけた。現在は、母親になってはじめて乳児と接触する人がめずらしくないのだろう。子育て困難が生まれる一因がここにあるとすれば、少子化はその遠因になっているといわねばならない。

こう考えると、かつて「おばあちゃんの知恵」が唱えられたのは、社会一般に子育ての基礎技能が養われていた時代の終焉を告げるものだったことがわかる。その時代も過ぎ去り、今や少子化自体が、少子化と子育て困難を加速する構造が定着しつつある時代と思い知らねばならない。

---

† 原田正文『子育ての変貌と次世代育成支援』名古屋大学出版会

▼日本人の子育て文化

現代の子育て困難は時代の必然と諦めるのか、それとも救いはあるのか、それは本書全体を貫く最大のテーマだが、そのために、私たちはかつてどんな子育て文化をもっていたのか、ここでわずかだが振り返ってみるのは無駄ではあるまい。はじめにイザベラ・バード（Bird, I. 1831－1904）が、日本人の子育てについて記した一文をあげておこう。

バードは、イギリスの女性探検家の草分けであり、開国間もない明治11（1878）年に蝦夷地（北海道）の探検を志して来日した。東京でいろいろ情報を集めようとしたが、当時の中央官庁には地方についての十分な知識をもった人物は皆無といってよい状況だったらしい。今の秋田市（当時は久保田）に行ったことのある役人すらいなかったというから、およその様子がわかるというものだ。結局、バードは日本人の青年通訳を同行し、なかば手探りで探検に出発し、さまざまな困難を乗り越えて蝦夷地探検に成功するのだが、その詳細は脇道である。ここで取りあげたいのは、冒険旅行の道すがら日光地方（栃木県日光市）に滞在中、バードが見聞きした日本人の子育てへの感想だ。

> 私は、これほど自分の子どもをかわいがる人々を見たことがない。子どもを抱いたり、背負ったり、歩くときには手をとり、子どもの遊戯をじっと見ていたり、参加したり、いつも新しい玩具をくれてやり、遠足や祭りに連れて行き、子どもがいないといつもつまらなそうである、他人の子どもに対しても、適度に愛情をもって世話してやる。父も母も、自分の子に誇りを持っている。……(中略)……いくつかの理由から、彼らは男の子を好むが、それと同じほど女の子もかわいがり愛していることは確かである。子どもたちは私たちの考えからすれば、あまりにもおとなしく、儀礼的にすぎるが、その顔つきや振る舞いは、人に大きな好感を抱かせる。彼らはとてもおとなしくて従順であり、喜んで親の手助けをやり、幼い子どもに親切である。私は彼らが遊んでいるのを何時間もじっと見ていたが、彼らが怒った言葉を吐いたり、いやな眼をしたり、意地悪いことをしたりするのを見たことがない。[†1]

ここには、かつての日本の親子関係、子ども同士の関係、子どもの性向などなどについて、ほとんど最上の賛辞が聞かれる。しかし、これをもって例外と考えてはならない。明治期どころか、そのはるか以前から日本を訪れた外国人は、ほぼ同様に日本の子育てを称賛している。16世紀に来日したある宣教師はすでに、「日本国にてもっとも善良なるは少年の養育にて、あえて外国人のおよぶところにあらず」と激賞しているし、同時期に織田信長に知遇を得て日本史まで著したイエズス会宣教師のルイス・フロイス（Fróis, L. 1532 - 1597）は、「子を育てるに当たって決して懲罰を加えず、言葉を以て戒め……（以下略）」としつけ方式を称賛している。明治期に来日し、大森貝塚の発見者として著名なエドワード・S・モース（Morse, E.S. 1838 - 1925）に至っては、「日本人は確かに児童問題を解決している」と断定した。[†2]

この最後のモースのことばは、児童を取り巻く当時の西欧社会の状況がわからないと理解しにくい。スウェーデンの女性解放運動家のエレン・ケイ（Key, E. 1849 - 1926）が、１９００年に『児童の世紀』を著したのは、それを象徴する出来事だった。当時の西欧世界では、女性も児童も男性家父長《かふちょう》の権力下に、ただ服従を強いられる存在だった。だからこそ、女性運動解放家が、20世紀こそ児童が解放され自由に生きられるようにと願いを込めてこの本を書いたのだ。20世紀のはじめに、モンテッソーリは、著書『幼児の秘密』の冒頭に、子どもの味方になろうという運動は、ちょうど火山の一斉噴火のようにヨーロッパのいたるところにまき起こったと述べている。歴史家のアリエス（Ariés, P. 1914 - 1984）は、名著『子供の誕生』によって、ヨーロッパ社会に児童や児童期という観念が本当に受け入れられたのは、20世紀にかかるころとしている。これらは皆、ヨーロッパにおける児童問題と日本の子育て状況とを対比するモースの指摘の確かさを裏づけているといえよう。私たちは、世界に先駆けての貴重な子宝文化の伝統をもっていたことを、苦く強く噛みしめるべきであろう。

日本の子宝文化は、さかのぼれば１３００年も以前の『万葉集』に収められた山上憶良《やまのうえのおくら》の「銀《しろかね》も　金《くがね》も玉も　何せむに　まされる宝　子に如《し》かめやも」にいきつくかもしれない。山上憶良は、朝鮮半島からの帰化人またはその二世という説があり、遣唐使の随員として渡唐し、漢文の著作もあるなど、当代の国際的知識人だった。彼の子宝思想は、儒教思想に裏づけられたものだったことは疑いない。

儒教とは、中国の民間信仰の洗練された形であり、その中心教義は家系の繁栄におかれる。したがって、血統の維持と拡大が肝要となり、孝や忠、また子宝思想などは美徳の典型とされる。山上憶良の歌がなぜ『万葉集』に採録されたかについて、当時の度重なる遷都にともなう公共工事が大規模の人口移動を促し、家族の離散が起こったために、儒教思想を導入して家庭崩壊を防ぎとめようとしたという政策的意図をよみとる文学者もある。

---

†1　イザベラ・バード著、高梨健吉訳『日本奥地紀行』平凡社

†2　山住正巳・中江和恵著『子育ての書１』平凡社

▼社会的子宝文化

右のように、子宝「思想」という場合の源流は、中国の儒教思想にあるのだろう。しかし、すでに述べたように思想よりも「文化」を重くみるなら、人々の日常の感じ方や振る舞い方がむしろ鍵を握ることになってくる。筆者はかなり長い間、子育てについて日中・日韓の比較発達研究を行ったのだが、文化にまで広げると、やはり日本の伝統子宝文化には、きわめて独自な特色があるように思っている。

そのヒントはバードの報告に示唆されているのだが、要点は、男児を格別大切にするか、子宝感覚は自家の子どもにのみ向けられるか、の二つにかかっている。元来の儒教思想では、血統を伝えるのは男子に限られる。そこから、先に触れたような男児尊重と性差別が生まれ、日本にも相応の影響をおよぼした。

しかし、中国ではいまだに夫婦別姓である。これは一部で誤解されているように男女同権を象徴するのではなく、女性は男系による家系には入れないからだ。現在、本家の中国以上に儒教的伝統を受け継ぐ韓国でも、本貫という家系を示す戸籍に女性は入ることができない。筆者が日韓比較研究をしていたころ、実子のない家族でも、たまたま父を失った実の甥でさえ養子に迎えることはないという話を聞いて、心底驚いた記憶がある。それほどまでに、正真の自己血統とそれを伝える自家の男児が尊重されるのは儒教の正統である。

ここからまた、自分の子どもをとくに大切にするという気風が生まれる。もっともこれは必ずしも儒教文化の特質とはいえず、ある程度、世界の普遍的傾向といえよう。

日本ではどうか。家の存続はもちろん重視されてきたが、しかし、それは家名に向けられ、血統は二の次かもしれない。養子をとって家を存続するのは、普通の習慣であり、筆者の知人にも、夫婦養子の例がある。このような場合、血統はまったく無視されている点が、儒教正統とは大きく異なる。

これにともない、男児尊重もある程度は日本に受け入れられたけれども、バードが指摘しているように女の子もほぼ同様に愛され尊重されてきた。江戸時代の浮世絵を見ると、女児も男児と並んで手習いに励む様子が描かれている（次頁の図3）。早くから流通経済の浸透した近畿地方の農村では、豪家の主婦は財政権を持ち、そのため女児の読み・書き・算盤《そろばん》が奨励されたといわれる。相対的には、日本の子育てに性差別は小さかったのではなかろうか。

より独自の特徴は、大人が皆、まわりの子どもを親身に見守る姿勢があったことであり、これもバードが指摘している。近年、出生率をあげるためにヨーロッパ諸国では、子ども手当を給付

［図３］『文学ばんだいの宝　末の巻』（一寸子花里画）
男女別の寺子屋風景を描いたうちの女子の部。一人ずつ進度に合わせた教材を与えられての自学自習。奥では女師匠に呼び出された子どもが、読みのチェックをされ、右奥では幼い子どもが、いろはの手ほどきを受けている。年長組は、姉様人形をもち込んでのおしゃべりやおふざけなどをしている（公文教育研究会所蔵）。

する傾向が高まり、民主党もそれにならって「子ども手当」を実施した（「児童手当」に逆戻りしたが）。その際、民主党の当局者は、社会全体が子どもを養育するという原則を強調していたが、人まねではなく、すでに私たちはそうした習慣をもっていたのだ。

筆者は、これを社会的子宝文化と名づけたい。社会的子宝文化は、普遍的な人類愛に通じる道である。だからこそ、その再生を心から願わずにはいられない。

第2部

幼保一元化——幼・保を超えたその先へ

4章 幼保一元化とは何か（1）

幼保共用化という名のお粗末、子ども不在の「認定こども園」

▼一元化・一体化・一本化

平成21（2009）年は、自民党から民主党へと歴史的な政権交代が行れた年である。これにともない、幼保一元化は再び時代の脚光を浴びている。

と書きだしてはみたものの、ここでもうはたと行き詰った。一元化問題には、正しくスポットライトが当たっているのだろうか。光は揺れ動き、焦点がみえなくなっている。ことばのうえからも、表題に並べた三つの用語が入り混じり、見当がつかなくなっているようだ。

私自身が聞いたことだが、ある幼児教育者は、幼保一元化は自民党の政策だと断言した。確かに、民主党の教育政策担当者が、違いを強調したいという意図なのか、「われわれは一本化といっています」と述べるのを聞いたこともある。この筆法では、自民党＝一元化対民主党＝一本化となるが、本当だろうか。

同年7月の衆議院解散時に、自民党の麻生太郎総裁は、選挙公約に幼保一元化を掲げるよう指示したところ、党内の幼稚園・保育所それぞれの族議員の反対大合唱で一夜にしてかき消えたと報道されたのを覚えている。一元化が自民党の専売政策などではないことは、それだけでもはっきりしている。

ことばのうえだけの主導権争いはむなしいだけではなく、ことの本質をむしろ覆い隠してしまう。「幼保一元化」に込められた先人の長い思索と試行の跡を消し去り、そこに潜む心底《しんてい》の願いをも、ただのスローガンに変えてしまうのではなかろうか。それでは、あまりにもむなしい。

一体化ということばはどうか。筆者は、1970年代に秋田県の小さな町の幼児教育施設を見学に行ったことがある。一つの建物の両側に入口があり、それぞれ「○○町幼稚園」「○○町保育所」と看板がかかっている。なかに入ると、同じ保育者の指導のもと、同じ保育室、同じ遊具で子どもたちが群れ遊び、絵を描き、歌を唄っていた。ものの本をみると、こういう施設はかつて各地で自然発生的に生まれていたらしい。幼稚園・保育所と行政的には区別されていても、内容にさして変わりはない、それなら、一体的に運用したら……。素朴に考えれば自然に生まれてくる知恵であろう。

一体化も何も近年の独創などではないが、最近いわれているのは、それこそ自民党政権下で誕生した「認定こども園」制度を指すのだろう。これは、自然発生的な一体化とは異なる動機、異なる理由による。一口にいえば、最近の社会・経済情勢の変化によって幼稚園の保育所化が急速に進んだために、そのあと追い救済策を兼ねての安直な保育所急増策という趣《おもむき》が強い。二元行政は簡単に変えられないための官僚的知恵の所産《しょさん》であり、八方美人的妥協案でもある。実際には、財政にゆとりのない幼稚園が申請をためらう、二重監査で使い勝手が悪いなどが指摘され、認定こども園化は進行していない。実情は、妥協案にもなっていないのではなかろうか。

筆者には、近年の日本の政治・行政体制は、困難な問題に直面するのを避けて、妥協と先送りを繰り返す傾向が、ますます強まっているようにみえる。どこの国の政治にも、妥協はつきものというなら、その通りであろう。しかし、日本の場合は、ほとんど習い性となっているところが問題なのだ。結果としてばら撒きを重ね、７００兆円もの赤字国債を積みあげるにいたった。ようやく反省の兆しはみえるが、手遅れの危惧は拭いきれない。認定こども園も、先送り政策の典型例とみえ、とても賛成する気にはなれない。

和をもって尊《とおと》しとするのは日本的伝統の一つ、葛藤の顕在化を嫌うのは、われわれの文化的体質ともいえる。先送り政策連発は、政治家や官僚に最大の責任があるのは当然だが、それだけでは片づかない。ましてや、官僚をスケープゴートに仕立てあげ、政治責任を覆い隠すのは論外である。由らしむべし、知らしむべからず†ではなく、政治家がその責任の自覚に立ち、官僚の十全な補佐を得て、公正な政策説明を明示し、各業界・団体・組織などの自己責任を求めることが、大切な時代になっていくのではなかろうか。

こうみてくると、脚光を浴びるどころか、これからが本当の問題解決の時期というほうがふさわしい。予想される葛藤と混乱を乗り越え、真の再生を果たすことができるのか、それが問われているのだ。

▼幼保一元化の一般的理解

では、一般には幼保一元化とはどのように理解されているのだろうか。フリー百科事典の『ウィキペディア』で、この項目を引いてみた。主要部分だけで7ページにもおよんでいるので、

† 『論語』の「子曰　民可使由之　不可使知之」より。為政者は人民を施政に従わせればよいのであり、その道理を人民にわからせる必要はない、という解釈がある（『大辞林』）。

以下要約の紹介に止める（引用は執筆当時の内容であり、現在はもっと整備されている）。

幼稚園と保育所は元来別物であり…（中略）…管轄の役所も…（中略）…異なる。しかし、近年進行している構造改革の一環として、幼稚園と保育所の運営の非効率さを是正する必要性が指摘され…（中略）…幼保一元化とは幼稚園と保育所の施設や運営を一元化することで財政的に効率的な経営を行おうとする…（中略）…また、都市部での待機児童の増加…（中略）…定員オーバーとなっている保育所が多いなか、定員割れを起こしている幼稚園にそうした待機児童を収容…（中略）…幼稚園が時間外保育をする動きである。

メリットは…（中略）…経済的効率…（中略）…公立の幼稚園・保育所でも統廃合…（中略）…人件費を抑制したい自治体が十分に多い。幼稚園教員認定試験…（中略）…も２００５年より開始されたが、当初の目標の合格率を大幅に下回っている。

このようなこともあり…（中略）…あまり進展していないのが現状である……（以下略）

次に、一元化の歴史として、

1996年地方分権推進委員会勧告で地域の実情に応じた幼稚園・保育所の施設共有化が求められた（に始まり）、1998年には共用化の指針が通達され共用が開始された、2004年中央教育審議会で「就学前の教育・保育を一体として捉えた一貫した総合施設について」が取りまとめられた、2006年就学前の子供に関する教育・保育等の総合的な提供の推進に関する法律が公布された

などが記述されたあと、認定こども園へと移っている。

認定こども園には、別項目が立てられているので、ここでの解説は、

2006年の根拠法に基づき幼稚園機能と…（中略）…保育所機能を併せ持つ施設…（中略）…地方裁量によって従来の認可幼稚園、認可保育所以外の施設も対象とし…（中略）…幼保連携型認定子ども園では、幼稚園機能と保育所機能を同一施設で共用化・合同活動が可能になる程度で終わっている。

さらに最近の動きとして、

鳩山首相が2011年の通常国会までに子どもに関する施策を一本化…（中略）…幼保一元化の関連法案提出の表明、民主党の「保育ママ」の増員と資格緩和、認可保育所増設政策などが述べられている。

その次は「幼保一元化の課題」と題され、いくつかの論点指摘が行われている。多くは周知のことがらであろうから、項目名のみ列挙しておく。

根拠法の違い、保護者の違い、設備、資格、経営上の問題（幼稚園が認定こども園にしたくても設備投資回収が難問）、職員の労働条件、公的な予算の問題、直接契約と間接契約・入園児選別の問題、小学校以上ではどうか（文科省管轄の放課後子ども教室と厚労省管轄の放課後児童健全育成事業の二元行政）、幼稚園と無認可校、学校教育法の廃止と教育産業の自由化、バウチャー制と金融資本主義、文部科学省解体論、多様な保育サービスと幼保一元化の矛盾、給食について。

▼一元化は効率化の別名？

『ウィキペディア』は、周知のように知識のある人は誰でも書き込み可能とし、内容の精緻化、発展、再認識などを図るとしている。したがって、誰が何を書いたかもわからないし、統一性にも欠けるだろう、記述に責任をもつ人も、不明であり不在だ。そこから、錯誤・虚構・一方的記述・宣伝などの弊害が生じることも指摘されている。しかし、逆にいえば、関心をもつ人々の総意の結集でもあろうから、一般的理解の水準をみるには、それなりに好都合ともいえる。

右を念頭に置いてウィキペディアを読むと、まず目立つのは一元化と一体化の取り違えである。説明が「幼保一体化——認定こども園制度」という表題についてのものならまずまずのできだが、幼保一元化というにはあまりにもお粗末としかいいようがない。

たとえば、幼保一元化の歴史として紹介されているのは、ほぼすべて自民党政権下での一体化＝施設共用化の経緯である。これとて、前述したように、必ずしも一体化そのものの歴史でもない。本来の幼保一元化の歴史は、はるかに長いだけではなく、問題そのものが異なっている。この記述のなかでも、平成16（２００４）年の中教審の提言は、「就学前の教育・保育を一体として捉え」るための総合施設を目標とするもので、単なる施設共用ではない。一元化をよく理解している人なら、ここでのニュアンスの違いを的確にくみ取り、コメントがあるはずだ。

統一的な記述を望むのは無理とはいっても、読み取れるのは幼保一元化についての一般的理解の水準の浅さである。幼児教育関係者には、単なる利害のキャンペーンではなく、就学前の教育・保育の本質や意義についての理解が保護者を通じてより深く浸透していくよう、一層の努力が求められているのではないだろうか。

筆者がその点でもっとも気になるのは、ここでの記述や説明が幼稚園と保育所統合の経済的効率のみに焦点を当て、就学前の教育あるいは保育、ひいては子どもの望ましい発達と健やかな成長といった問題には、まったく何の考慮も払っていないようにみえることだ。おそらく、この投稿が行われたのは、自民党政権下で規制緩和・自由競争・市場原理が強調されたいわゆる新自由主義時代のことであったのだろう。課題のなかにも、教育産業の自由化とかバウチャー制[†]などの字句が散見されるのはそれを示している。実際、この当時の研究会で新自由主義の代表者と目されていた経済学者が、保育所の経営をいかに合理化するか、調理室は必ずしも要らないのではないか、といった話をしてくれたことは前述した。

その当時の潮流を受けてなのか、ウィキペディアの筆法は自民党イデオローグとおぼしき人の主張が主軸になっている。一元化は極度に矮小化され、効率化の別名に成りさがってしまった。だから、はじめに述べたような一元化＝自民党といった誤解や混乱が起こったのだろう。誠に残念なことだ。

筆者は、規制緩和は無用、効率化が悪などと切り捨てているつもりはない。赤字国債の現状をみるにつけ、効率化という課題の緊急性が痛感される。しかし、それは手法でこそあれ就学前教育の目標ではないだろう。いってみれば、短期的政策課題であって、その克服のうえに次の中・長期的課題を示す必要がある。手段と目的との取り違えからは、子どもの健康な成長という究極目標が見失われかねない。子どもは未来だから、ひいては明日を語ることもできない。一元化の歴史とは、この目標への模索であったことを決して忘れてはならない。

▼教育と子ども家庭省

この意味では、幼保一元化の課題の一つとして「文部科学省解体論」があげられていることに言及しない訳にはいかない。その全文を掲げよう。

文部科学省の機能が教育に限定されていて柔軟な対応ができず市民（とくに児童の保護者）の要望に十分に答えられていないことが問題視されている。幼稚園だけでなく小学校や中学校においても学童保育や夜間保育が求められており、幼・小・中での養護と教育を一体的に行なう立場から、幼稚園から中学校までを厚生労働省に移管すべきとの意見がある。これらに関連

† バウチャーとは、クーポン券や金券を意味する英語。学校教育に使用目的を限定したクーポン券を配布することで、親の学費負担を軽減するとともに、学校選択の幅を広げ、学校間の競争により学校教育の質を引き上げる施策。

する市民向け窓口についても、市民生活に近い福祉事業所または児童相談所でのワンストップサービスが期待されている。

このため、民主党は２００９年７月のマニフェストにおいて、子どもについての教育と福祉を一元的に扱う、こども家庭省の設置を検討することを掲げた。検討範囲としては教育分野では学校教育法の一部、福祉分野は児童福祉法が基礎的な法律としては該当する。

例により任意書き込みによって、文脈は支離滅裂に近い。とくに、幼・小・中を厚労省に移管とはほとんど聞いたことのない意見、文科省嫌いの民主党イデオローグが書いたものなのだろうか。

そうしたご愛嬌はおくとして、前半の指摘は現在では肝要な問題として注目されねばならない。養護と教育とのあいだの壁は、次第に薄くなりつつあるというより、むしろ取り壊さなければならない地点に来ているのではなかろうか。この問題に答えるにはさまざまな論証が必要とされ、すでに社会システムを論じる折に触れたし、あとにも改めて取りあげる。しかし、多くの人々に実感されている現状がここに告げられているようだ。

この事実は、福祉と教育の二分法に基づいて建てられた制度・施設・発想ひいては法律までが根本的見直しを迫られていることを意味する。たとえば、保育所入所の基準は「保育に欠ける子ども」だが、かつてこのことばは、主として物質的環境の貧困によって起こる問題群を意味していた。そこからまた、幼稚園と保育所との壁も生まれていた。しかし、現代では、すでに指摘したように精神的環境の貧困による子ども問題が急増しつつあるのではないか、多年保育所のアドバイザーを務めている筆者の実感である。

精神的環境の貧困は、物質的環境のそれと同等に、心身両面で子どもの発達に遅滞や障害を引き起こす。こうして起こる発達遅滞や無気力症状は、ただちに教育の問題となる。そう考えると、保育に欠ける定義の見直しが求められるし、ひいては福祉という概念にもおよんでいく。養護と教育との二分法も、当然見直しを迫られる。

もっと重要なことは、乳児は心をもっていないとか、幼児も衣食住の世話さえすれば健全に育つとかいう常識的乳幼児観には、根本的な見直しが必要だということであろう。

このような新しい考え方は、ここ40~50年の間、小児医学や心理学など、さまざまな分野の発達研究によって繰り返し確認された成果であり、今や発達の基本法則の地位を占めようとしている。残念ながら、学問的原理の浸透には時間がかかるので、これらはまだかつてのそれに代わる一般常識にはなっていない。しかし、福祉や保育の実践現場にはようやく知られてきた。現在は、この落差を埋める努力がことさら要請される時期であろう。それが埋まったとき、幼保一元化の必然性もよりよく理解されるのではなかろうか。

つけ加えれば、幼稚園と保育所間の主導権争いは、相互差別化の傾向を新しく生みだす気配がある。それにともない、かつては保育が共通語であったものが、前者は教育、後者は保育と呼び分ける傾向が強まっている。日本語の「教育」には、学校教育がすべての規範、また望ましい教化的作用、とくに知的教化を指すという独自のニュアンスが込められているために、いったんこのことばを使いだすと、良し悪しは別として学校化の傾向が強くなる。たとえば、教育と呼ぶばかりに小学校の先取り、各種教室や塾まがいの内容などが、一部幼稚園にせよ盛行しているのはその例だ。これらをみると、一般意味論者のいうことばの呪縛を自ら招き寄せているようにも思われる。しかし、先述の原則を知れば、保育と教育とはむしろ連続的なもの、両者を隔てる壁は過去の産物と考える別の見方が生れてくるはずである。

筆者は、教育よりも発達ということばを使ったほうが、子どもの成長を統一的にみることができると思っている。日本人の「教育」好きは、地域教育などという窮屈な用語まで流行させた。むしろ、教育は明確に教化的影響のあらわれる場をすべて教育と名づけようとするためだろう。むしろ、教育は明確に学校教育に限定したうえで、子どもは、家庭・仲間集団・幼稚園—保育所・地域社会・学校などなどの諸環境から、それぞれどのような発達的影響を受けるのかとみるほうが、子どもの成長を論じるうえではるかに筋が通るのではなかろうか。

念のため、右は意味論的寓話の一例をあげてみただけで、文科省解体論に組するものではない。しかし、先述の趣旨から、子ども家庭省の新設は意義ある中期的課題として大いに賛同する。幸い民主党は、マニフェストにこれを掲げて当面は内閣府に幼保統合の本部を置くと伝えられている。文科省解体のような極論は、統合困難の予兆なのだろうか。挙句《あげく》の果《は》ては、二元どころか三元行政に落ち着くようでは、元も子もなくなる。

問題解決には、目先の主導権争いではなく、もっと大きなシステム論的見地からの優先目標決定が不可欠であろう。幼児期から成人初期までを見据えての教育課程の再検討、よりよきワークライフバランスの確立などの長期目標に立って、目先の課題の優先順位決定への努力が必要とされよう。繰り返しになるが、なぜ解決が困難なのか、政治家・官僚ともその説明責任があることは心に銘記してほしい。

▼再び幼保一元化について

はじめの紹介では省略したのだが、解説の末尾に、誰がいつ書き込んだのか、「社会主義国家群では当初より幼保一元化が進んでいた」のくだりがある。一見意図不明の挿入だが、実はきわめて重要な論点を含んでいる。社会主義諸国で一元化は当初からのものだとしたら、幼稚園対保育所の区別は、その他の諸国では何らか階層的差別に根ざすと推論されるからである。以下、多少の注釈と補足を行ってみよう。

まず、この一文はどこまで通用するだろうか。それを見定めるには広汎な国際比較の知識が必要だが、とても手に余る。しかし、筆者の乏しい知識を以ってしても、諸国の実情には右の断定に尽くせないものがあるようだ。

たとえば、社会主義国だからといって、就学前保育（教育）施設にまったく違いは無いといえるだろうか。ソビエト時代のロシアでは、通常施設のほかに、出生直後から集団主義的養育を行う施設（子どもの家）があったと伝えられている。イスラエルは社会主義国家ではないが戦時体制の所産として、初期のキブツ†では同じような集団主義的養育が試みられた。両者とも、結果的に試みは失敗に終わり撤回されたと伝えられている。その理由は、養育者——子ども関係の重要さに無理解のまま、複数保育者による集団主義養育を強行したところにあるようだ。

しかし、現代中国（中華人民共和国）では、日本では全託・日託と呼ばれている区別が、なお存続している。前者の正式名称は寄宿制幼児園であり、おおむね月曜から金曜まで子どもは施設で全日過ごすことになる。これに対し、日託制はほぼ日本の保育所と同様である。保育料は、当然前者のほうが高いが、この区分は、筆者の知る限りでは、収入の差もあるけれど親のもつ育児観や教育観の違いも働いているようである。

筆者は寄宿制幼児園に興味をもち、何度か実地に観察したことがある。印象としてはソビエトやイスラエルのそれが失敗といわれているのに対して、大きな問題は感じられなかった。近年は、しかし、1歳児までは全託を選ぶ親はなくなり、また全託制そのものも衰微しつつあると聞く。現在の日本の子育て状況では、いずれ寄宿制保育所も要望されるのではないかと感じるのだが、その際は中国方式を十分研究する必要があろう。

しかし、これらの事実は、同様な施設や制度も異なる理由・動機によって建てられることを示している。社会主義国家だからといって、就学前施設は必ずしも一様ではない。逆に、資本主義国家だからといって、幼稚園対保育所という区分が必然だという訳でもない。

フランスでは、幼稚園は母親学校という名で呼ばれている。母親同様の養育をという意味もあるのだろうし、母親へのアドバイスをという意味もあるかもしれない。このような名称がわざわ

† イスラエルの集産主義的共同体のこと。ヘブライ語で「集団」や「集合」を意味することばで、1909年帝政ロシアの迫害を逃れたユダヤ人がパレスチナの地に共同村を設立したものが始まり。ここではイスラエル建国後のキブツを指す。

ざ採用されるということは、フランスではじめから就学前の養護と教育とは種別されていないことを示す。したがって、幼稚園と保育所の区別もなく、はじめから一元化されている。幼保一元化は、政治的イデオロギーだけによって決定されているわけではなく、その国の置かれた経済・社会・文化・歴史的状況によっても左右されることがわかる。

しかし、多くの先進国が福祉国家を指向する現在、幼保一元化は世界の趨勢《すうせい》をつくりつつある。イギリス、スウェーデンなどの諸国では、はるか以前から幼稚園と保育所統合の取り組みが始まっていて、現在も推進中と聞く。その過程では、当然教育担当官庁と福祉担当官庁の該当部局の再編と統合が行われてきた。民主党の子ども家庭省構想も、この流れに沿っている。

しばらく前まで、政治家や官僚筋からは、官庁再編といった絵空事よりは、現実的に可能な政策実現が大切という意見を聞かされるのが常だった。筆者は、それを聞くたびに、諸外国で可能なことが、なぜ日本では不可能または極度に困難なのか疑問に思ったが、かつて納得のいく説明を聞いた覚えがない。採られるのは一体化のような先送り政策だけというのでは、あまりにも残念だ。

先に述べたように、就学前の養護――教育政策はそれぞれの国によって独自であってよい。筆者は、幼保一元化が望ましい方針と信じているが、原理的にはもちろんそれ以外の政策もありうる。一元化は望ましいか、望ましいとしてもこのような理由によって困難だ、あるいはこういう理由によって別の方策がより望ましい……など、政治家には権力を委任された者としての説明責任があるのは当然であろう。今後の政権では、由らしむべし、知らしむべからずではなく、ぜひ責任を果たしてほしい。

他方では、しかし、ある政策遂行によって、社会的貢献を期待されそのため新しく財政資金が配分される組織や団体、ひいては所属する個人個人にとっても、対応する責任が求められるのではなかろうか。その政策に賛同するかどうかの意思統一、それにともなっての利害調整の受容などを決断する自己責任が生じる。それも忘れるべきではないだろう。

5章　幼保一元化とは何か（2）

倉橋惣三（幼）と城戸幡太郎（保）の目指したものは

▼幼稚園の起源

幼保一元化を論じるには、当然その前提として、幼稚園と保育所それぞれの起源は何か、最初の区別はどこにあり、どのように制度化されたか、区別する根拠は正当かなどの諸問題を突き詰めねばならない。これらの解明には、教育史の詳しい知識が必要とされる。不十分は覚悟のうえで私見を述べる。

フレーベル（Fröbel, F. 1782－1852）がキンダーガルテンという名の幼稚園の祖型を創設したのは1837年だが、それから遅れることわずか39年、1876（明治9）年に東京女子師範学校

（お茶の水女子大学の前身）に附属幼稚園が創設された（図４）。当時同校の主事を務めた洋学者中村敬宇《なかむらけいう》が、横浜の外国人居留地の幼稚園を見学し、保育者が幼児を処遇する様子に感銘を受けて導入したという。

［図４］東京女子師範学校附属幼稚園——明治９年　創立当時の園舎
（お茶の水女子大学附属幼稚園編『時の標』フレーベル館、p.104）

しかし、敬宇自身は幼稚園の実際には不案内であり、有識の人材を探す必要があった。往時の日本に該当者を求める困難は、想像に難くない。結局、ある外交官夫人の外国人女性がアメリカでの幼稚園教育の経験をもつということで、全面的に委託されることになった。結果的に、アメリカ経由のフレーベル主義が、日本の幼稚園の主流をつくったといわれる。

この話は、何となくつじつまが合わない。当時の居留地の外国人の人口はどのくらいだったのか、まして、幼児ともなればわずかであろうから、とても本格的幼稚園があったとは思えない。おそらく、小規模のナーサリースクールがあり、そこで敬宇のみたのが幼児への修道女の甲斐甲斐《かいがい》しい献身振りだったとしたら、ようやくうなずける。敬宇はフレーベル思想についても見識をもっていたから、ひとしお感銘が深かったのだろう。しかし、結果論ではあるが、実際にできあがった幼稚園は、敬宇の思い描いたものとは似ても似つかなかった可能性がある。

明治5（1872）年に公布された学制には、すでに幼稚小学の規定がみえる。明治初期の欧化熱の時代、幼稚園が何かを知るまえに、ともかく西欧制度の導入が緊急とされたのだろう。夏目漱石のいう内発性なき開化の典型例だった。

当然ながら、この最初の幼稚園とは欧化のリーダーとしての顕官《けんかん》・華族の子弟がお馬車で通うところだった。今も幼稚園に残る「おことば」は、まさしく創業期幼稚園から伝えられた上流階級文化へのあこがれ――上層志向態勢の名残を示すものだろう。

では、その由来する西欧幼稚園はどうか。創始者フレーベルが幼稚園を構想した動機は、己の不遇だった幼児期体験と重ね合わせて、当時のドイツ保守的中流階層のもつ威圧的な子育て文化への疑問と反感に根ざしたことは疑いない。大人の心ない抑圧から子どもを解放し、自由と独自性追求の場を、そういうフレーベルの願いは「子どもの園（キンダーガルテン）」という名称にあらわれている。

当然、フレーベルは、恵まれない子ども一般、とりわけ低階層児への幼児教育の普及を望み、努力を惜しまなかった。フレーベルの先駆者ペスタロッチ（Pestalozzi, J. 1746 - 1827）も、貧困児童に教育と仕事を授けるべく、孤児院長として奮闘した。フレーベルの幼稚園は、社会主義思想として反動期の専制プロシア政府の禁止令に会っている。階層的差別とは、正反対の理念に根ざしていたことがわかる。

日本のそれは、人工的な上層志向という意味で類例がない。アメリカのフレーベル教育も、学校型に傾いていたのだろう。二重の意味での偏りだった。だから、少なくとも戦前までの日本幼稚園は、制服に象徴される西欧化、アメリカ的技能教育と並んで、「おことば」にみる上品なしつけが旨とされ、れっきとした上中階層のシンボルだった。保育所との異同はいわずもがな、階層的区別に根ざしていた。

▼学校型幼稚園からの変革

最初の幼稚園の社会的性格はそれとして、何を目指していたかが、次に問われる。これにはあまり具体的な記録がないが、筆者は長くお茶の水女子大学に奉職したので、何十周年記念行事などの折に、たまたま創業期幼稚園の歴史的資料に接する機会があった。

うろ覚えを恐れるが、おどろきの第一は、厳密に規定された時間割だった。小学校のように、

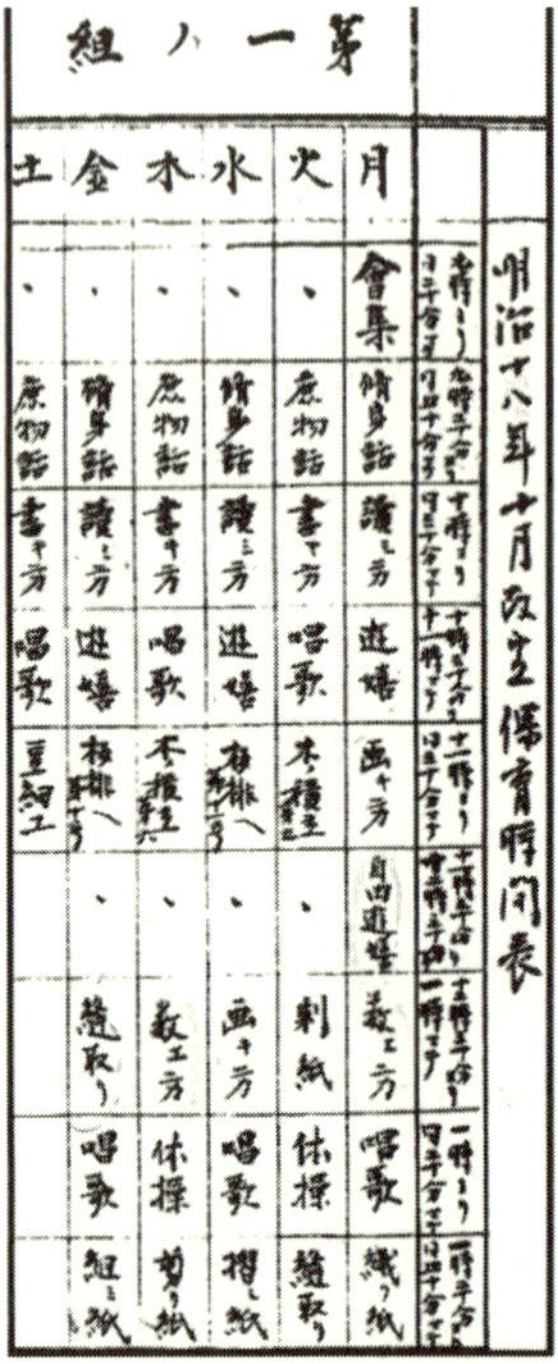

［図５］明治期幼稚園の保育時間表の例（大阪市立愛珠幼稚園所蔵）

各曜日は時刻によって区切られ、そこにさまざまな科目が配当されていた（午前4時限だったと思うが、判明な記憶はない）。科目名も唱歌・遊戯・談話・体操など、それらしきものが並んでいたようだが、これも定かでない。ただ、「恩物《おんぶつ》」という名称は、はっきり覚えている（図５）。

第二は、一人ひとりの机と椅子が用意されていたことだった。そこからみても、最初の幼稚園はまさしく学校の一種――今風にいえばプリスクールの誇張版である。しかも、机のうえには恩物を扱いやすいようにと、特異な碁盤目状の直線が彫り込まれていた。恩物が、いかに重視されていたかがわかる。これこそ、フレーベル方式の証とされたのであろう。

恩物とは、もっといえば神の賜物《たまもの》ということになろうか。フレーベルのつくりだした教具（遊具）の名称であり、原案では1から20までの種類がある。第一恩物は６球であり、赤・青・黄・緑・橙・紫の６色に染め分けられた柔らかい鞠《まり》である。フレーベルは、球形を自然界における完全な理想形として最初にこれを選んでいる。以下、立方体・直方体・三角柱……金属の鐶・豆粒、また縫う・描く……豆細工・粘土遊びなどと続いているが、幼児期にこれらで自由に遊ぶことによって、宇宙の摂理や人間の本質などを次第に感得することが目指されている。はじめの第一恩物は、ゆりかごに吊るして乳児が触れることを目標にしたというが、幼稚園の教材として導入されることにより次第に形式化していったようである。日本の幼稚園では、戦後しばらくまで、恩物教材は一流幼稚園の印だったという人もいる。

明治期の官製幼稚園は女子師範附属をモデルにつくられたために、フレーベル方式が最大の規範だったという。しかし、ここに一大変革が起こる。大正6（1917）年に東京女高師教授に昇任し、附属幼稚園の主事（今の園長）に任じられた倉橋惣三《くらはしそうぞう》が、フレーベルの神聖な教具——恩物をひとからげに竹籠に放り込み、以降、積み木扱いにしたという有名な事件である。

倉橋は、フレーベルに敬意と愛情を抱き、賛辞を惜しんでいないから、この行動は一見奇異に映る。そのため、恩物の棚あげはいろいろに解釈されてきた。筆者は倉橋理論を十分に把握していないので論評する資格もないが、あえていえば、これを矛盾と解するのは当たらないと思う。

私見では、倉橋がフレーベルに傾倒し共感するのは、児童の自由や天性の尊重という児童中心主義の側面であり、必ずしも全面ではない。フレーベルに限らずシュタイナー（Steiner, R. 1861 -

1925）などにしても、ドイツ的な幼児・児童教育思想には、どこかゲルマン神秘思想[†1]の雰囲気が漂う。自身省《かえり》みて思うことだが、現世的な日本文化にとって、このような超越的存在への信念は、もっとも苦手なものの一つである。倉橋も、この面についていけなかったのではなかろうか。果てはその象徴たる恩物の棄却に至り、しかも、こうすることがむしろフレーベルの精神にかなうと信じていたようだ。

しかし、これは日本の幼稚園教育にとって革命と呼んでもよい事件だった。内発性を欠いた開化の象徴たる日本の幼稚園は、ようやく終わりを告げたことを、多くの人は感得したのであろう。私は、これを幼稚園教育の「土着化」と呼びたい。1から10までの模倣ではなく、日本の文化に足の着いた幼稚園が、はじめて示唆されたからである。世界的権威に疑義を投げ、別の進路を示そうとした倉橋の気迫は、この時代には並大抵ではない。日本幼児教育（正しくは幼稚園教育）の父と呼ばれるのは、もっともなのである。

▼新しい潮流

しかし、問題は実はその先にあった。倉橋が廃棄したのは、その自覚があったかは別として、恩物だけではなかったと筆者は考える。超越者への信仰はドイツ観念論と通底し、フレーベルの発達論や教育論の基礎ともなっている。フレーベルに限らず、西欧発達思想には人間に付与された天性への信仰があつく、したがってその発達の様相も予定調和的に定まっているという観念が根強い。現代風にいえば、遺伝や成熟優位説が主流をなす。

筆者も儒教的教育文化のもとに育ったから、天性信仰や予定調和的発達観には、やはりなじめない感が強い。倉橋の直観もわからないではない。しかし、成熟説には、天与の子どもの自然を大人の心ない侵襲から守るための理論的城砦という側面があることも忘れてはなるまい。自由の主張も、同断である。しかし、残念ながら、倉橋には子どもの本質についてのそうした発想は観念的・抽象的とみえ、素直に受容しようという気にはなれなかったのだろう。結果として残ったのは、無条件的な童心主義だった。

「7歳までは神のうち」と、昔はよくいわれた。子どもは子どもであるがゆえに尊い、そういう日本伝来の子ども尊重思想が、ここにはよくあらわれている。「遊ぶ子どもの声聞けば、我が身さえこそ揺るがるれ」という梁塵秘抄《りょうじんひしょう》†2の歌謡や、群れ遊ぶ幼児と良寛和尚の絵姿など、これを

†1　ドイツ神秘主義ともいう。神との合一や神性の無を説く、中世ドイツキリスト教神学者のドミニコ会士エックハルト（Eckhart, 生没年不詳）から強い影響を受ける宗教思想。
†2　編者は後白河法皇。平安時代後期の治承年間（西暦1180年前後）の作とされる。今様歌謡を収めている。

［図６］大正11年ごろの園庭で遊ぶ子どもたち
（お茶の水女子大学附属幼稚園編『時の標』フレーベル館、p.106）

具現化するイメージにもこと欠かない。これこそ、私たちのもつ童心主義的児童観の原点であり、また社会的子宝思想の基盤でもある。その意味で、日本伝統文化のもっとも優れた一環をなすと、筆者は信じている（近年の幼児虐待急増は、この伝統の急速な衰えを示し、まさしく、日本的子育ての危機を告げている。単に先進国共通病として片づけてはならない）。

倉橋の恩物廃棄は、同時に発達・教育課程の理論化――理念や原理への拒否をも意味することは前述した。それは、伝来の童心主義への回帰でもあった。もともとその素地の強かった日本の幼稚園には、倉橋思想は歓呼の声で迎えられたのだろう。恩物の象徴する原理主義や教授技能の廃棄と、それに連なる発達・教育理論の拒否によって、日本伝統の童心主義は、西欧児童中心主義とはじめて無理なく結合することができたのだ。これは、まさに歴史の皮肉だった。

だが、伝来の童心主義にも、尊重すべき側面と裏腹な偏りが並存するのは否めない。７歳までが神のうちなら、大人は逆に現世の功利に汚染された別存在となる。連続性の原理は失われ、発達――教育の理念も薄くなるのを避けられない。

さらに重要なのは、大人と隔絶した子どもの心とは何かである。功利主義に汚染されないとは、裏返せば現実的思考様式を欠き、昔はものを思わずにむしろ価値を見いだす心性を指すことになる。童心の中核は、知性ではなく無垢《むく》な感情に置かれる。

総括して、倉橋が暗黙に示した幼児教育の新しい潮流とは、規律の訓練や教化的教育よりも、幼児の天性とみえる遊びを妨げない自由保育と、その心性たる感情生活の豊かさを育てる情操教育の二本柱から成っていたといえよう。

倉橋は、ことさら生活ということばを好んだ。子どもの「いきいきしい生活」といい、「生活を生活で生活へ」という呪文のような名高いスローガンをも唱えている。他方「お出かけ保育」を唱導したり、幼稚園には豊富な遊具を用意して、幼児が十分に遊びを満喫することが重要と書いてもいる。生活とは、幼児が天性の遊び欲求を充足する環境の整備を指すもののようである。

すると、幼稚園とは保育者つきの遊園地なのか、素朴な疑問を避け難い。さまざまな解釈はむろん自由だが、倉橋をあまりにも神格化するのはどうか。筆者には、生活とは、フレーベルの超越論への反動として、いわば等身大の幼児教育を目指した姿勢と思える。自由保育論も、幼稚園教育における規律主義や特定技能教育への疑問、いわば無技巧主義の表明とみるのが理解しやすい。

倉橋の幼児教育論は、それまでの日本的フレーベル主義へのアンチテーゼとしてようやく意味をもち、その点できわめて消極的なものだった。後年、倉橋もより積極的意義が必要と感じ始めたのだろう。戦後、幼稚園教育が新しい体制化を迎えると、幼稚園は保育事業であるよりも教育事業だと、いともやすやすと断定するに至る。

情操教育論にも、問題がある。幼稚園界では、「情操」の意味が童心主義に沿ってきわめて狭く解釈されてきた。明治期には、たとえば、情操堅固ということばは志操堅固と同様に使われていた。この場合、重点は操にかかり必ずしも情ではない。こちらが、むしろ伝来の意味であろう。そう解するなら、情操教育とは、信念を育てる教育を意味する。現行の情操教育には、そんな気配すらない。

なぜかは、情操がもっぱらセンチメント（sentiment）の訳語として使われたからである。この意味の場合、高い文化的価値に対する畏敬《いけい》や憧れの感情と志向性をいう。文化的価値には、宗教・道徳・社会・真理・審美《しんび》その他さまざまなものが考えられる。当然、知的情操もなければならない。ところが、幼稚園界でいわれる情操教育とは、伝統の童心主義に基づいて、幼児には感情生活だけ（少なくともそれが主柱）とされているために、知的情操などは一顧《いっこ》もされない。幼児には唱歌やお絵描きは適切だが、それ以上、とりわけ知的活動は無効どころか有害とする主張に変形してしまった。

戦前の幼稚園は学校扱いされず、財政支援も乏しかった。だから、自然、小学校とは違うという気風が育った。その体質は今も残り、小学校以上は知的教育、幼稚園は情操教育とする識別原理にもなっている。

筆者は、情操教育に反対しているのではない。幼児期には、必須の教育原理だとすら考えている。だからこそ、現在のそれに対して、①幼児期の独自性だけを強調し、発達過程の連続性を無視、②幼児の心は感情が主で知性に乏しいとする偏った発達観、という二つの大きな問題点をみないわけにはいかない。情操教育の正しい理論化と再構成が肝要であり、これを次世代教育原理の支柱に育てることを期待する。

▼保育所の起源

東京女子師範附属幼稚園の創設に遅れること24年、明治33（1900）年に、四谷に東京最初の二葉幼稚園（現二葉保育園）が開園された。当時、華族女学校幼稚園（のちの学習院幼稚部）の

［図７］二葉幼稚園――のちに二葉保育園と改称
（児童問題史研究会監修『日本児童問題文献選集14　私立二葉幼稚園報告書』日本図書センター、p.383）

保母を勤めていた野口《のぐち》幽香《ゆか》と森嶋峰《もりしまみね》、二人のクリスチャンが、朝晩の通勤の途中に通るスラム街の子どもたちの様子を見かねて、この子どもたちにも十分の教育をと開設に踏み切ったものという。今日の繁栄ぶりからはとても想像できないが、筆者が大学生のころにも四谷にはセツルメントがあったから、明治期にはまして貧しい地区だったのだろう。東京近代化の一コマでもある。

　この時代、クリスチャンや社会主義者によって、同様な施設が各地に生まれた。明治26（１８９３）年に、二宮《にのみや》わかによる神奈川幼稚園、同28（１８９５）年に、宣教師トムソン夫妻による神戸のスラム街葺合《ふきあい》地区に善隣幼稚園、同31（１８９８）年、片山潜《かたやません》・安部磯雄《あべいそお》らによる三崎町幼稚園、などが著名である。

　これらの幼稚園・保育所創設の契機は、フレーベルやペスタロッチの孤児院の実践を思い起こさせる。モンテッソーリも、ローマのスラム街における精神遅滞児の診療から幼児教育に入っていった。いわば上から下へという慈善的人道主義の流れであり、前記の諸施設も同じ軌跡をたどったといえよう。

一方、明治期には、急速な工業化にともなって労働者層の都市への大量集中が起こる。婦人労働力の確保を目指して、各企業はこぞって保育施設をつくった。東京紡績はいち早く明治27（1894）年に企業保育施設をつくったが、以後、明治30年代から40年代にかけて、鐘紡《かねぼう》、三井鉱業、富士瓦斯紡績《ふじがすぼうせき》、三菱炭鉱などが、次々に工場内に付設託児所を設けた。自然発生的な労働者層向け託児所がこれに続くのは、必然だった。明治23（1890）年、すでに新潟市に赤沢夫妻は、静修学校付設託児所を開設している。ここからは、二葉保育園らとは、また別の発想が生まれる。労働者層の互助・共生運動の拠点としての保育所が望まれ、ふさわしい施設も次第に育っていったようである。これは、前者に対して下から上への流れといったらよいだろうか。

次の大正期に入ると、こうした一般的要望の高まりを受け、大阪、京都、神戸、東京などの自治体が託児所開設に踏み切るようになる。今日の公的保育所の原型である。

下から上への保育所は、当然ながらいち早く産業革命と資本主義体制の時代に入った先進国を起源としている。特筆されるのは、イギリスのユートピア社会主義者オウェン（Owen, R. 1771－1858）により設立された幼児学校である。

オウェンは貧しい馬具職人の子として生まれたが、企業家として成功を収め、1800年から24年にわたって経営したニューラナーク紡績をイギリス一の優良工場に仕上げた。従業員の数は、盛期には2000人にもおよんだ。当時の工場では、児童どころか幼児労働すらめずらしくなかったという。前経営者オウェンの義父も、貧しい階層から児童を集め雇用していた。これらの子どもは、心身両面の悪影響を負ったままに生きていく。貧困な幼児期環境が、その後の発達を貧しさへ方向づけ、かくて貧困を再生産するとは、現代のイギリス教育社会学者バーンスタイン（Bernstein, B. 1924 - 2000）などの所説だが、その原型はすでにここにみることができる。

オウェンは、経験論の国イギリスに生まれ、人間の成長に与える環境の影響と教育の力を信じていた。社会主義者として、教育を通じての社会改革を目指すのは、自然の勢いだった。1816年、そのため工場内に人格形成学院をつくり、成人学級・中間学級と並んで幼児学校を設けた（従来「性格」とされてきたのは誤訳に近い。オウェンも相互扶助に根ざす友愛と協同という価値の獲得を目標にしているのだから、人格形成とすべきである）。

この幼児学校では、幼児の保護と自由な生活を図るだけではなく、教育との両立を目指し、その方法にも大きな特色があった。罰や競争を排除し、よい仲間づくりに重点を置く。中上層児向けの言語主体の教材を捨て、実物教育や視覚教材を多用した（これは、日本にも掛図教材として輸入された)。ダンス・唱歌・行進などを科目とした、などである。こうした施設がフレーベルよりはるか以前につくられたことは、感銘に値する。しかし、やがて反神論のレッテルのもとオウェンの学院は滅びていった。

▼保育問題研究会

保育所・託児所、名称はどうであれ、家庭に代わって子どもの保護と養育に当たる、そういう役割はかつて疑われたことはあるまい。その意味では、幼稚園よりも目的は明快といえる。しかし、オウェンにみたように、保育所にもそれ以上の積極的目標がやがて求められるのは避けがたい。日本の場合、この立場から、保育所教育の自覚的理論化を促したのは、城戸幡太郎《きどまんたろう》であった。倉橋が幼稚園教育の父なら、城戸は保育所教育の父と呼ばれてよい。

城戸は実験心理学の理論家として出発し、少壮にしてすでに名を成したが、次第に心理学の諸問題に占める歴史・社会・文化的要因に関心が移っていった。というよりは、当初からそうした問題意識が強かったのかもしれない。自分はヒューマニスティックな社会主義者であり、その立場は昔も今も変わらないと、いい切っている。こうした改革的・実践的関心と精神形成・表出両面における社会・文化的要因解明という理論的関心とが結合するとき、教育の問題に意欲が向かうのは必至だった。

筆者も心理学を学んだが、城戸と直接の面識はない。ただ、ある心理学会の折に「文化とパーソナリティ」と題するシンポジウムの演者として登壇した城戸を見聞きしたことがあった。わが子ほどの若い研究者が主張する遺伝の重要性に対して、青年のように頬を染めながら、「遺伝を否定するのではない、文化の寄与を相対的により重視することが必要だ」と懇切に説いていた。その真摯な討論姿勢に、老いてなお衰えない学究の意欲を感じ、感動を覚えたことを思いだす。

城戸の教育に向かう態勢も、旧来のそれとは一味違っていた。実験心理学の出身者にふさわしく、教育の世界にも事実の重要性を訴えねばと考えていたようだ。理論と実践の実証的統合を目指す、いわゆる教育の科学的研究（教科研）という運動である。そのためにまた、研究者と現場教育者との共同が原則とされた。

教科研の就学前教育部門を担う保育問題研究会（保問研）は、昭和11（1936）年に発足している。ここには、留岡清男《とめおかきよお》、山下俊郎《やましたとしお》、波多野完治《はたのかんじ》などの俊秀が結集した。城戸の声望が知られよう。

城戸自身が具体的研究に長けていたか詳《つまび》らかではないが、門下の人々はいくつかの実証研究を行った。筆者の記憶しているのは、農繁期託児所に通う児童のIQが通所前より上昇したというものである。今の目でみれば、条件統制のあいまいさが問題であり、いくらでも批判の余地はある。しかし、当時の知能研究の世界的動向は、ＩＱはすべての知的業績の基礎、遺伝規定性が高く環境の影響を受けない、一生を通じて恒常とするのが大勢だった。こうしたオーソドクシーへの挑戦は、日本の研究者は、もっとも苦手とする。それに抗して、知能の環境形成、教育の力の大きさを示し、貧困宿命説を打ち破ろうとした勇気は高く評価されてよい。少なくとも、教育を通じての社会改革という保間研の基本姿勢の一端は感得できよう。

城戸は、「教育は人間が文化を創造し、文化が人間を形成する歴史である」という。いわば、個々人の文化的貢献を促し、その貢献が次世代の人間形成に寄与するという、弁証法的循環の過程を示唆している。これは、教育を人類史的課題と捉えるきわめて壮大な定義であり（筆者はこの定義に共感を覚えるが、現在の「教育」のもつ狭い語義からは、ここまで拡げるのは理解されにくいと危惧する）、ほかにあまり例をみない。ここにも、社会改革への志向がうかがわれる。城戸はまた、子どもがかわいいのは未来の担い手だからともいう。これも通常の回顧的童心主義とは異なり、人類進歩の鍵としての児童尊重を語っている。

したがって、大人にもよき指導責任が求められる。城戸は無条件的な児童中心主義には、賛成しない。子ども自身からは、その地平以上の高い価値は自発してはこない。そこにこそ、就学前といえども知的なそれをも含めてより高い境地を目指す教育の意味がある。保育者もまた、単なる保護を超える責任を果たす権威をもたねばならない。保育者には、保護者を説得できる教養と見識が必要と、城戸はいう。今日の情勢を予見していた推論といったら、買いかぶりだろうか。

反面、城戸の描くはずの理想社会が何かは、必ずしも分明《ぶんめい》でない。「利己的栄達主義」を超える「民生慶福」†（憲法告文の表現）と、城戸は説いている。第二次世界大戦も間近い国家主義の時代、これ以上踏み込むことは難しいと判断したのかどうか、筆者にはわからない。城戸のいう民生慶福を図るための社会的協力は、就学前教育の一つの目標ともされていたが、それは結局、国家協力主義に取り込まれるに終わったという批判がある。大政翼賛会への協力姿勢も、この批判を強めている。しかし、昭和19（1944）年、城戸は社会主義者の嫌疑で収監された。戦前戦中の生き方を、今の目で批判する難しさの一例であろうか。

▼日本的就学前教育の遺産

城戸の発想は、幼児教育思想家ならだれでも賛同する教育の機会均等原則を超えていることが注目される。就学前教育は、よりよき未来社会形成を目指す国民教育の基底部門を構成し、幼保一元化は当然のこと、その先に皆教育制幼児学校が見すえられている。就学前教育とは、小学校

［図８］お茶の水女子大学附属幼稚園
（お茶の水女子大学附属幼稚園編『時の標』フレーベル館、p.35）

入学の準備教育ではなく、その地点から日本の教育全体を眺め直す視座を与えるものであった。その点で、城戸が就学前教育の柱とした生活技術の教育という発想は、今なお検討に値する。

対する幼稚園教育の父倉橋には、当然こうした発想はない。童心主義を貫こうとすれば、幼稚園の独自性だけを強調することになり、聖域扱いで終わりやすい。さらに、教育の体系化や技術主義を嫌うから、当然小学校以上の教育とは無縁になり、教育といってもその内容は小学校とは別ものという発想に傾く。倉橋の幼稚園聖域主義は、その後長く受け継がれ、少なくとも都市地域での日本の幼稚園の伝統となっていった。今もそれは変わらず、幼稚園の教育内容に対して教科ではなく領域という

† 大日本帝国憲法告文の「八洲民生ノ慶福ヲ増進スヘシ茲ニ皇室典範及憲法ヲ制定ス」より。

名称が使われているのは好例だ。

では倉橋イズムは、教育全体に対してただ消極的という一語で片づけてよいだろうか。水と一緒に流してはならないものが残っていると筆者は考える。すでに述べた情操教育だ。このことばは、小学校以上の知的教育に対比して、幼児教育の独自性を主張するシンボルとして使われたことは前述した。このなかには、やはり幼児期という発達期の特性にふさわしい教育と学習の原理が潜んでいるという倉橋の直観には、精錬に値する貴重な鉱脈があると、筆者は信じる。

まとめていえば、就学前教育・保育の二人の父の説は、きわめて対照的だ。城戸が就学前からの教育の連続性を主張するのに対して、倉橋はあくまで幼児教育の独自性を堅持する。二つの原理の葛藤は相いれないまま、今も解けていない。これは今後の幼児教育を占う試金石であるが、あとの章に再論する。

6章 幼保一元化とは何か(3)

迷走した100年、子ども虐待大国へと向かうのか

▼幼保一元化問題の起源

ようやく、幼保一元化の入口にたどり着いた。一元化は、いつごろ、誰によって、どのように提唱されたのだろうか。

筆者のもっている小さい教育学事典には、大正末期ごろから、教育の機会均等理念に沿って一元化が唱えられたと記されている。短い解説なので上記の疑問には答えがないし、幼保一元化ということば自体、その通りに使われていたかにも疑問がある(当時は託児所が通称だったろうから、幼「保」とは略しにくかったと思われる)。

想像に難くないのは、いわゆる大正リベラリズムとかデモクラシーといわれる時代、都市にそれなりの中間知識階層が育ち、より広く深い教育の機会均等が、近代化の次のステップという認識が高まったのではなかろうか。前章で述べたように、幼稚園と保育所の貧富の差による区別は、自明とみられてきたために、その反省もまた反動的に強かったと思われる。

すでに早く附属幼稚園開園13年後の明治25（1892）年に、東京女高師校長細川《ほそかわ》潤《じゅん》次郎《じろう》は、その附属幼稚園が「労働して生活する人の子を入園せしむ可き所」になっていないのを憂いて分室をつくり、学生の実習施設を名目に無償で貧困層の幼児を入園させた。このような主張は、ようやく一般論の域にまで達したと推察される。

明治32（1899）年、文部省は幼稚園保育及設備規定（省令）を公示した。小学校に対する幼稚園の独立性が認められたという意味では、一つのエポックだった。くだって大正15（1926）年になると、本格的な幼稚園令（勅令）が公布され、その法的な独自性もようやく公認された。

この勅令のなかに、補則として、必要に応じ幼稚園に託児所を付設してよいという規定がみられる。細川に始まる人道的機会均等の主張も、こうした形で取り入れられたのであろう。今日の施設共用化・一体化の先取りであり、運用の仕方によっては一元化にもなりえたであろう。冗談めかしていえば、幼保一元化は勅令によって方向づけられたのだ。

しかし、貧困対策は当時内務省の所管に属していたため、せっかくの補則も活用されることはなかったらしい。そのため逆に保育所令の制定要望が高まり、昭和13（1938）年には全国社会事業大会で原案作成に至ったという。今日の二元行政の原型も、すでにここに認めることができる。

こうして、幼保一元化への方向性は定まった。むろん、保育所令の策定経緯にみるように、それだけで事態が肯定方向に動くことはない。方向づけは潜在したままにとどまり、よりよき未来への選択が問われる社会的葛藤事態の到来により、はじめて具体化され顕在的問題となる。

このような葛藤事態は、右か左かの別れ道という意味で社会的危機と呼んでもよい。第一の危機は、ここまで述べてきたように、明治期末から大正期にかけて教育の機会均等拡充への動きとその反動という形であらわれた。以下、そうした事態は、いつ、どのように起こり、何が問われたかについて検討していきたい。

▼二元行政へ

第二の危機とはいつか。筆者は、戦後混乱期を指したい。

第一の危機における幼保一元化は、近代化を目指す総体の動きの一環に過ぎなかったため、それだけで問題視されることは薄かった。これに対して、第二の危機では、幼保一元化の是非《ぜひ》が単独で問われたところに、変遷をみることができる。

敗戦は、それまでの国家体制を手始めに社会・政治・経済制度など、ほぼあらゆる面での変革を迫った。就学前教育も、むろん例外ではない。幼保一元化を正しい進路と信じる人にとっては、多年の曲折を解決する好機到来と映ったのは当然といえる。

昭和21（1946）年、日本教育会は、従来の幼稚園、託児所、保育所など別個の扱いだった諸施設を統一し、保育の平等を確立する必要について、幼児教育刷新方策を提案している。同年創立された民主保育連盟も、設立趣意書に幼保の統合必要性を訴えている。翌22（1947）年には、幼保関係者一体の全国保育連合会が発足し、ここでも幼保の統合が望まれた。

戦前の幼稚園就園率は、たかだか10%程度にとどまっていた。保育所については正確な統計がないというが、これも1～2割程度とみれば、合算して3割を超えないくらいの普及率だった。両者統合は、今に比べれば比較にならない容易さだったろうことも、念頭に入れておく必要がある。

こうした高まりを受けて、幼保一元化の旗を振ったのは城戸幡太郎だった。前章で述べたように、城戸は、就学前の時期をむしろ国民教育の基底部門とみなし、教育を通じての協同社会樹立という目標のためには、小・中学校期に比べて勝るとも劣らぬ重要な意義をもつと信じていた。それを貫くには、旧来の階層格差に根ざす幼保の区別は、無用どころか有害である。日本全国ほぼ焦土と化し、幼稚園や保育所も大半が消失した敗戦後こそ、就学前の国民皆教育制度構築の絶好の機会、こう考えたのであろう。

当時、城戸は総理大臣諮問機関の教育刷新委員会メンバーだったが、この委員会で幼稚園問題が取りあげられたのを契機として、同じ委員の倉橋惣三の賛同を得て、「幼児教育の一元化と義務制」実現のため、二人で厚生省に陳情に行ったという。「しかし、どうしても厚生省は、うんといわない」と、城戸は書いている。陳情は、結局不発に終わった。

これには、次のような事情がはたらいていた。敗戦後しばらくは、アメリカ占領軍政府が事実上日本の行政を仕切っていた。敗戦の混乱は凄まじく、町には家を亡くし家族を失った浮浪者・浮浪児があふれかえっていた。上野駅の地下道は、浮浪児のねぐらと化した。社会不安を抑えるためには、浮浪児対策こそもっとも緊急の課題と軍政府には映った。厚生省に、外局ながら児童局を新設させ、戦災孤児や困窮児童対策に力を入れさせた。「鐘の鳴る丘」† の流行は、こうした

† 昭和22（1947）年〜昭和25（1950）年までNHKラジオで放送されたラジオドラマ。復員兵と戦災孤児が知り合い、信州の山里で共同生活を行う様子を描き大ヒットした。

敗戦後の痛ましい児童環境を改めて思い起こさせる。

当然、厚生省の行政権限も拡大し、それは養護施設や保育所強化の方向にはたらく。幼保一元化は、むしろ反時代的方策とみえたのだろう。城戸も倉橋も、当時、就学前教育界の大御所的存在だったと思われるのだが、その提言だけでことは動くわけもなかった。逆に、昭和22（1947）年には、学校教育法と児童福祉法とが別個に成立し、幼稚園は前者、保育所は後者によるというそれぞれ別の法的根拠がつくられた。二元行政の確立である。

二元行政は、ことばのうえでも微妙な変動をもたらす。ここまでは、幼稚園と保育所とを問わず、就学前には「保育」が慣用だった。今でも日常的には、幼稚園界でも保育を使うほうが普通だろう。実際、昭和23（1948）年に制定された幼稚園の教育内容を定める指導書は、「保育要領」と名づけられている。ところが、幼稚園は学校の一つに組み入れられたのに保育ではおかしいとなったのだろうか。同31（1956）年の改訂では、名称も「幼稚園教育要領」と衣替えされてしまった。以降、教育は幼稚園のものとなり、勢い保育は保育所専用となった（たとえば「保育所保育指針」）。

山下俊郎は、保育とは保護と教育とを併せたものだろうと述べている。もしそうなら、保育でも教育でもいっこう差し支えはないはずだ。しかし、実情は、教育・保育が幼保を区別するシンボルとして使われるようになったために、用語のうえでも二元行政による分割統治の象徴と化した。この窮屈さは、さらに拡大されて今もそのままに引き続いている。

二元行政への傾斜と選択は、上述のように、敗戦のもたらした特殊事情によるところが大きい。いわば、幼保一元化という問題の本質とは、無関係な理由や条件によって策定された。にもかかわらず、二元行政が最良または唯一の方式として維持されるのはどうか、省益優先の怠慢と批判されてもやむをえまい。

では、統合化への企ては、すべて徒労に終わったのだろうか。昭和21（1946）年の第90回帝国議会で幼稚園と託児所の「二本建て」を「一本建て」に改めてはどうか、という質問がなされたという。ときの文相田中耕太郎《たなかこうたろう》は、両者は基本的に異なる施設と考える旨の答弁に終わっている。しかし、国会でこのような議論が行われたこと自体、幼保一元化が社会的問題として公認されたことを示している。これにともなって、「幼保一元化」ということばも、確かな市民権を獲得していったのだろう。

▼四六答申と幼児学校

第三の危機は、その25年後に訪れた。昭和46（1971）年の中央教育審議会（中教審）による、いわゆる四六答申である。答申の目玉は、幼児学校構想にあった。ここでの分かれ道とは、単なる幼保一元化を超えて、就学前義務教育制まで踏み込むか否かの選択だった。

幼保一元化すらろくに論議もされてこなかったのに、これは誠に唐突ともいえる提案だった。果たして賛否両論の渦は巻き起こったが、反論のほうがはじめから優勢だったのかもしれない。しかし、今になって、教育関係者の間ではこの答申への評価は高まるばかりである。確かに、具体的な事項は別としても、今読み直して、次のようなくだりはどうだろうか。

およそどのような改革も、それにともなう障害を克服する熱意と勇気なしには、その実現を期しうるものではない。当面の利害から現状維持を固執したり、現実に目をおおって観念的な反対だけを唱えたり、実行をともなわない改革論議にときを移したりして、教育がますます時代の推移から取り残されるようになる危険を深く考慮し、この改革の実現に対して、教育関係者が積極的な努力を開始し、国民的な支持の盛りあがることを心から期待する。

なお耳の痛いことばであり、高い目標への見識と意欲とが感じ取れよう。

この高揚感をもたらした背景とは何か。答申の10年ほど前から、乳幼児の性能について新しい見方が広まっていた。いわゆる認知革命である。生まれたばかりの新生児といえども、それなりの認知能力と好奇心を備えている。見かけの無能さだけから乳幼児の能力を判定してはならない。それを告げる知見が、続々と発見された。

実をいうと、その機運は、はるかに早く始まっていた。先駆をなしたのは、20世紀の発達研究の開拓者ともいえるスイスのピアジェ（Piaget, J. 1896 – 1980）、ソビエト時代のロシアの生んだ鬼才ヴィゴツキー（Vygotsky, L.S. 1896 – 1934）、アメリカで教授学習方式の変革を唱えたブルーナー（Bruner, J. 1915 –）やハント（Hunt, J. 1906 – 1991）などの人たちであろう。そして、旧来の教育学は就学前の子どもの発達に、ほぼ無関心であったため、勢いこの分野は発達研究者の手にゆだねられることになった。

アメリカのあるジャーナリストは、これらの先駆者たちを、「新しい心の建設者」と呼んだ。新しい心とは、いうまでもなく乳幼児のもつ知的な可能性を指している。この可能性を現実化する方策の持ち主、それが新しい心の建設者なのだ。ブルーナーは、一時期どのように複雑困難にみえる教材も、その本質を損なうことなしに、どんな年齢の子どもにも教えることができると説いて、物議を醸した。気負いのあまりの行き過ぎであったが、その確信の所在を知ることはできよう。

さらにその背景には、スプートニク・ショックがある。1957年、ソビエトロシアは史上初の有人宇宙船を飛ばし、宇宙飛行士ガガーリンは「地球は青かった」という有名なせりふを残した。何ごとにつけ世界一を誇るアメリカにとって、これは科学技術の立ち遅れと解された。アメリカ人の受けた衝撃はあまりにも大きく、その理由が探索され、ソビエト体制下のロシアでは、就学前の教育に建国以来熱意が払われてきた点に注目が集まった。西欧各国がこぞって幼児教育に力を入れ始めたのは、自然の勢いだった。

イギリスでは、1967年にプラウデン報告がでた。それまで普及率も低く地域格差も大きかった就学前施設について、幼児学校を普及させ、また「建設的差別」を採用するとしている。趣旨は、貧困家庭の多い地区を優先地域とし、最上の学校地区と同じレベルに引きあげ可能となるよう経費配分を増大させるところにある。

アメリカでは、ジョンソン大統領の時代（1963〜1969年）、ヘッドスタート計画が発足した。ヘッドスタートとは、競馬出走に不利のないよう馬の鼻面をそろえてスタートさせることを指す。小学校入学に際して、従来、少数有色人種の子どもたちは、すでに大きな学力ハンディキャップを負っているのが通例だったが、今後は就学前の補償教育に力を入れ、人種格差を生じさせない施策をとることの比喩として使われた。英米両国とも、格差解消と機会均等拡充を目指す趣旨において、ほぼ同一といえる。

▼幼児学校構想の挫折

ヘッドスタート計画は、具体的には幼稚園を借りての幼児学校など、さまざまな形をとったが、もっとも有名なのは日本にも輸入されたセサミストリート（１９６９年放映開始）である。セサミストリートでの主要役割には、わざわざマイノリティの人々を登場させている。何が重視されたのか、うかがうことができよう。

セサミストリートの内容は、みてすぐわかるように、簡単な言語・数能力、また社会常識や対人知能を培うことを目指している。というと堅苦しくきこえるが、ビッグ・バードをはじめ、多くのマペットが登場し、良質のエンタテインメントにもなっている。現在もなお、各国放送局との共同制作版がインターネットなどを通じて配信されているから、その人気とアメリカ当局の力の入れようが知られるというものだ。

問題は、その効果である。ヘッドスタート計画の発足後短期間には、さまざまな論議があった。もっとも有名なのは、有能な知能心理学の研究者ジェンセン（Jensen, A. 1923 -）による批判である。彼は強固な遺伝論者でもあった。その見地から、ヘッドスタートがマイノリティの知能上昇に寄与したか否かについての代表的研究を集約し、短期的にはＩＱ上昇に効果をあげたかにみえるものもあるが、１～２年程度追跡すると本来の水準に戻ってしまうと結論し、早期補償教育は無効だったと断定している。ジェンセンは、結局マイノリティの進路指導に重点をおくより、ほかはないともいう。白人は管理職に、マイノリティは単純労働にという主張が含意されているのは、いうまでもない。

あまりにも率直な差別認容にはさすがに批判の声も高く、以降賛否の激しい論争が続いたが、どちらかといえばジェンセン派が優勢だったようにみえる。しかし、ヘッドスタートの効果検証については、一方でその後長い追跡研究が行われた（こうした息の長さに欠けるのは日本の研究の弱点であり、見習わなければならない点だ）。長い間みていくと、良質のヘッドスタート計画を受けた者は、学校入学後欠席が少ない、学習意欲が高い、人間関係も良好など、優れた点が多いことが見いだされた。ＩＱのようなごく限られた指標による短期の計測では検出できない教育効果が、はじめて確認されたのである。こうして初期補償教育有用性の知見は次第に広まり、ＯＥＣＤなどの共同研究によって、確固たる地歩を得るにいたった。

一口にこれらの成果とは、よき幼児教育こそ自立の第一歩をなし、よき福祉に通じる途《みち》といい換えられるだろう。教育と福祉の二分法は無用なだけではなく、こうした知見を覆い隠す方向にはたらくなら、むしろ有害といわねばならない。

もとに返ると、せっかくの壮大な四六答申はどうなったのだろうか。ご記憶の方も多いだろうが、一応答申にしたがって社会的実験——先導的試行が行われることとなった。そのため、文部省にその目的に沿って開発室が設置された。

実をいうと、筆者も開発室の専門委員に任命された。しかし、一〜二度委員会に出席してみただけで、文部省のやる気のなさがよくわかるという体のものだった。自然足が遠くなるうちに、期限切れになった。自他ともに、悔い多き結末である。

なぜこんなことになったのか。知人の新聞記者が、『文部官僚の逆襲』というおもしろい本を書いて贈ってくれた。それを読んで、やっと裏面の事情がわかったのは、はるかにあとのことだった。後悔は先にたたない。

右によると、当時の文部省は、抜本的な教育改革を目指す革新派と日常業務の円滑な遂行を旨とする保守派とにわかれていたのだそうである。答申までは革新派が勝っていたのに、その後の保守派とそのあと押しの巻き返しが強力で、開発室のころには前者の中心人物はみな文部省を去ったあとだったらしい。道理でお飾りだけの開発に終始したわけである。以降、当然ながら保守派の目標——予算拡大が中心業務となり、自民党文教部会との密着が加速されたのだという。

文部官僚の夏は、こうして終わった。

幼児学校構想の挫折について、もう一つの噂がある。当時まだ3歳児保育も少なかったころ、4〜5歳児からの幼児学校といわれては、子どもを皆、国に取られるに等しい。私立幼稚園界にとっては、園を潰す暴挙とみられた。有力私立幼稚園団体は、全国の私立幼稚園から寄付を集め、これを自民党に献金して、幼児学校構想の取りさげを懇請したという。本当なら、挫折の大きな原因をつくりだしたことになる。それかあらぬか、その後は第3章に書いたように、自民党内に幼・保それぞれのいわゆる族議員集団が生まれ、私益・族益・省益の三角もち合い構造が強化されていったようだ。

政・官・業癒着の三角構造には、さまざま弊害が指摘されているが、一つつけ加えれば、特定団体の利害だけを考慮するあまり、類似団体であっても相互調整や連携は視野に入ってこない点だ。いわば、システム論としての視点が、まったく脱落していく。自然、大きな見取り図——グランドデザインを描くことができなくなり、理念や目標感覚は失われ、妥協と先送りの膨大な堆積が生まれる。幼保一元化が、一体化といった便宜主義にすり替わる理由である。

鳩山由紀夫元首相は、民主党政権の役割を自民党一党支配下で長年堆積された行き詰まりの大掃除にたとえた。それは可能か、可能としても間に合ったのか、今となってはもはや疑問と焦りだけが取り残されている。

幼児学校はなぜ挫折したか、右を考えれば答えは自明であろう。構想実現には、抜本的な教育改革へ向けてのグランドデザインと目標意識の共有が不可欠だった。そのためには、関連部局や組織との間の緊密な連絡と相互調整、そのうえでの合意形成を図っておかねばならなかった。たとえば、幼児学校の前には、当然、幼保一元化という課題が横たわっている。文部官僚の熱意は、厚生官僚をも感染させるほどのものだったのか。省内の説得にも成功しなかったくらいだから、冷笑と反発を招いただけに終わったのではなかろうか。

幼児学校構想実現には、何よりもまず、グランドデザインの描ける政治が必要だった。それが不在である以上、はじめから成功の望みはなかったというべきだろう。むしろ、曲がりなりにも先導的試行まで漕ぎ着けたことのほうがおどろきである。可能にしたものは、改革派の高い志にあったことは疑いない。その熱気が、一時的には多くの人を動かした。しかし、たぶんもう一人の影の主役がいた。それは、諸先進国はこぞって幼児教育改革を図っていますという殺し文句である。日本の政治家・官僚は——いや日本人全体が、これには極度に弱い。両々相まって一時の勝利が得られたのだとすれば、内発性を欠いた開化の繰り返し劇でもあった。

▼子ども問題の変質とグランドデザインの存否

第四の危機は、いつか。筆者は、この10年来——現在の機運を指したい。そこでの分かれ道とは、幼保一元化問題を基点とする就学前の発達保障というグランドデザインを描けるか否かにあると考える。

この10年来、子どもの発達環境には、さまざまな異変が起こっている。筆者は、40年来保育所の療育アドバイザーを務めているので、発達環境の急速な劣化と、それが子どもの成長に与える負の影響とを身にしみて感じてきた。

目に立つ一例は、乳幼児の虐待である。第3章に指摘したように、統計の始まった1990年代初頭から倍々ゲームのように増え続け、平成23年度はついに30倍の6万件に迫る数字となった。この様相は、不登校が話題を呼び始めたときの急増ぶりと酷似している。ちなみに、虐待先進国のアメリカでは、最盛期には年間200〜300万件といわれ、そのほかに悪名の高い性的虐待が100万件にもおよんだという。イギリスでも、似たような情勢であるようだ（虐待は、国際基準として身体的・心理的・性的虐待と養育放棄の四つのカテゴリーに分けられている）。

しかし、アメリカ・イギリスでも、一挙《いっきょ》にそうなったわけではない。イギリスで幼児虐待防止法の論議が始まったのは、1940〜1950年代であり、アメリカでも1950年代に幼児虐待の悲惨な症例が学会で報告され、センセーションを巻き起こした。その当時まで、そうした事例は一般には知られていなかったことを意味する。その後、40年くらいで前述のピークに達したわけだから、急増ぶりがよくわかる。今の日本の状況は、まだアメリカの50分の1（人口比にした場合、20〜30分の1）、向こう岸の火事騒動のつもりでいるのは、とんでもない間違いだ。日本では、子どもの数が急速に減りつつあるから、人口比で比較するのは適切ではなく、本当は児童比によらねばならない。この点で正確な統計があるのかどうか、厚生労働省などで検証すべきだろうが、筆者の推計では、児童比ならもはや4分の1に迫っているのではないかと思われる。

1970年代の初頭に、日本でも、戸外の小屋に2年余り隔離されるなどの養育放棄によって、極限の発達遅滞に陥った幼児が救出された事例がある（序章参照）。筆者は、ふとした縁で、その後20年以上もこの事例の回復研究に当たった。† 今でもよく思いだすのは、当時、新聞・テレビなどが1週間に渡り、連日この事件の報道を繰り返したことだ。イヌが人を咬んでもニュースにはならないが、人がイヌを咬めばニュースになるとは、アメリカのジャーナリストの名言である。

---

† 藤永保ほか著『人間発達と初期環境』有斐閣。

1970年代には、日本では虐待はありえないこと、あってはならないことだった。この様相は、アメリカの1950年代の再現だった。いつ虐待大国の仲間入りしてもおかしくないと、思い知るべきである。

虐待についてもう一つ注目すべきは、カテゴリーによって対応が異なる点にある。アメリカでは、官民あげての努力によって、近年身体的虐待と性的虐待は半減したといわれる。性的虐待については、名前や写真の公開など、ほとんど加害者の人権無視と思われる対策まで行われているようだ。しかし、後述するように、みえにくい養育放棄については、ほとんど減っていないといわれることに、ことさら注意が必要だ。

もう一つの不気味さは、いわゆる発達障害児の広がりと急増である。文部科学省によると、近年の発達障害児の比率は、約6％にも達するという。どんな調査なのか精度が問題だが、専門家のなかにも、2~3％という意見がある。筆者が発達障害の典型である自閉症について学び始めたころは、その発症率は1万分の1といわれていた。その後、次第に1万分の7~8といった数字に置き換わり、近年は自閉症類似の障害（たとえばアスペルガー症候群）も含めて発達障害と呼ぶためにアメリカでは、慎重な数字でも1万分の80、逆に大きな見積もりでは、その2倍という数字もある。まさしく、この50~60年で少なくとも10倍以上に膨れあがったとみられる。

二つの不気味な現象に、共通の何かがあるのだろうか。筆者はあると信じ、その報告をまとめてみた。† 二つの保育所の療育アドバイザー体験だけでは、葦《よし》の髄《ずい》から天井をのぞく域をでるものではないが、それでもこの10年来の子どもの変化は、見過ごすことができないと感じさせられる。その焦点は、障害児・問題児と普通児との間に従来みられなかったグレイゾーンが広がりつつあるという印象だ。筆者は、それを「気になる子」と呼んでおきたい。このことばは、むろん日常語に過ぎないが、近年保育界では一種の術語のように使われている。術語化はその急増ぶりを示し、筆者の大まかな推計では1割くらいに達するのではなかろうか。数値の厳しさは、現代発達環境のもらす悲鳴のように聞こえる。

前述したように、アメリカでも養育放棄のような目立たない虐待は減っていないとされる。「気になる子」とは、養育放棄の入口――養育不全によるところが大きいと筆者は考える。悲鳴を聞き流すなら、4~5年を経たずに手ひどいしっぺ返しを受けることになるだろう。

子どもの危機は、明日の希望の喪失でもある。それをいち早く感じ取ることのできる政治・行政を心から望みたい。

† 藤永保著『「気になる子」にどう向き合うか』フレーベル館。

7章 幼保一元化を超えて

すべての子どもに良質な発達保障を

▼就学前の発達保障

前章に就学前の発達保障について述べたが、それは先刻承知、発達支援や統合保育のことだろう、といわれるのは本意でない。それらを含むのは当然だが、ここでは、もう少し広い範囲を想定している。「ほしょう」は、保障・保証・補償のどれにも変換できるのだが、すべてをまとめて「保障」と呼んでおきたい。

解説するまでもないが、第一の「保障」とは、本来の性能を守り育てることを意味する。この場合の発達保障は、子どもそれぞれの発達環境と成長状態を見きわめ、後《のち》の望ましい社会化への途《みち》を用意し、教え導くことと敷衍《ふえん》できるだろう。これを、就学前保育（教育）の最低共通基準としたい。むろん、この営みは幼稚園・保育所単独で達成されるものではなく、家庭・地域組織・地域行政との緊密な連携を視野に入れねばならないが、就学前施設は子ども一人ひとりの状態を客観的に見きわめるという点で、ネットワークの中心的役割を果たすことができる。また、その延長としての学童保育の一元化と内容充実も急務である。

第二の「保証」は、さまざまな責務を負担することを意味する。この場合の発達保障とは、就学前施設やその内容を財政的・法律的に制度化し、行政的な裏づけを与えることと、いい換えられる。これらが政治・行政の役割であるのはいうまでもない。

第三の「補償」は、損害や災害を補い償うことを意味する。この意味の発達保障における就学前保育（教育）の役割は、発達支援や統合保育に中心がある。ただし、現行の支援対象は、発達障害（自閉症と類似障害）・発達遅滞・身体障害などの障害児に焦点があるが、損害や災害は、より広い範囲におよぶ。障害は不幸な災害の典型ともいえるが、長期療養を要する重症疾患児や虚弱児なども同等である。これらの子どもに対しては、院内幼稚園・保育所などの別種施設が必要になる。さらに、損害を考慮に入れると、家族喪失、重度の貧困からくる養育欠損、その他の虐待などによる心身の発達遅滞が典型例となる。そこまでいかなくとも、さまざまな理由によって十分の養育を受けられないなど、養育不全のケースもそれなりの損害がある。前章述べた「気になる子」とは、そうした兆候を指し、なかには、障害児にも劣らぬ発達の遅れや歪みを示す例がある。対象はここまで広げて考えねばならない。

そうなら、発達補償を担う機関として、現行保育所や幼稚園などに加えて（民主党政権下では過疎地域の実情に対応するなどのため、保育所分室制度や小規模保育施設も検討されたようだ）、寄宿制保育所・緊急避難の短期収容施設・家庭的養護施設（虐待児や家族喪失児などを収容する家庭機能をもつ小規模施設。現行の多数児童を収容する大舎制養護施設や乳児院は早急に廃止し、より適切な施設に置き換えねばならない）・養子斡旋施設など、新規の制度や施設を視野に入れる必要が起こる。里親制度・病児保育・院内学級などの充実も急務である。

▼なぜ発達保障？

なぜそこまで、といわれるだろうか。一つには、子どもの価値を再確認しておきたいからだ。少子高齢化の危機が説かれるたびに強調されるのは、将来の年金財政を支える労働人口の減少である。しかし、仮に出生率だけ改善されたとしても、生まれた子どもが健全に成長する方策を怠り、大量の虐待児を生みだすような事態に陥れば、かえって財政上の破綻を加速するだけだろう。

功利的見地からのみ問題をみる態勢を改めるためには、まず子どもの危機を正しく総合的に認識する必要がある。

第二に、この反省は、ほとんど直線的に幼保一元化問題への反省に結びつく。イギリス、アメリカ、スエーデンなどで1960年代に始まった就学前教育改革の動きに、日本の文部省も四六答申という形で追随しようとしたが、その試みは日の目をみずに挫折に終わった経緯は、すでに述べた。以降、就学前教育（保育）については、二元行政の旧態がひたすら守られるばかりで、妥協と先送りが繰り返され、挙句《あげく》の果《は》て、認定こども園のような、つじつまあわせの小手先改革が、うやうやしく登場するにいたった次第は説くまでもない。

しかし、その間に発達環境の劣化は急速に進み、厳しい現実は幼保一元化問題を、はるかに追い越してしまった。その先にはさまざまな問題が、待ったなしに待ち受けている。今さら幼保一元化では、手遅れに近い。なぜそうなったのか、自他ともに深い反省が必要だと、筆者には痛感される。

▼乳幼児期の意義

第三は、やや理論的な話になるが、乳幼児期の特質の再認識である。生涯発達の見地からは、人生それぞれの時期が、独自の意味をもつことは疑いないが、乳幼児期のそれは、古くモンテッソーリも強調したように、敏感期（臨界期）としての意味が大きいと思われる。といってもそれは、井深が『幼稚園では遅すぎる』で説いた、どの子でも英才に育つ錬金術の時期というのではない。

ここで論じるのは難しいが、臨界期は従来、ある刺激・経験・環境などが、ある特定発達期に限り作用して発達過程の右か左かを決定し、それは元に戻すことができないという意味に解釈されてきた。この定義は厳しすぎるとして規定性を緩め、環境のもたらす刺激が、最大限の効果をあらわす時期、とするのが敏感期の解釈である。井深の時代には、臨界期的解釈が優勢だったので、刺激環境を操作することにより、発達過程を劇的に変えられるとする信念が生まれた。狼少女の話も、当時は真実と信じられていた。これらが相まって、英才も障害児も臨界期によって思いのままに左右できるとされたのである。しかし、それは時代思潮の高まりの所産であり、現在は井深説のような極端な臨界期論は、行き過ぎと考えられるようになった。とくに、人間の場合には敏感期といった、より柔軟な解釈を適切とする動向が優勢である。

私見を一つつけ加える。臨界期現象を検討してみると、多くは、発達過程が袋小路に入り、あるいは停滞する現象によって占められている。普通以上の能力獲得と思われるもの、たとえば絶対音感や気温変動への耐性の獲得など、プラス方向の変化もないではない。しかし、それらは例外的にみえる。反対に、白内障の手術を早期に行わなかったばかりに、正常視力の獲得が困難になる、早期の社会的隔離が言語発達を妨げるなど、マイナス方向の、しかも重篤な変化にはことを欠かない。モンテッソーリは、ローマのスラム街の精神遅滞児の治療に成功したため名をあげたが、今の目でみると、貧困環境による養育放棄のもたらした仮性遅滞を、本来の状態に戻したと考えるほうが適切と思われる。臨界期は打ち出の小槌ではなく、石を玉に変えることはできない。モンテッソーリは、玉にこびりついていた泥をうまく洗い流したというほうが正確であろう。

これは、彼女の業績を貶《おとし》める意味ではない。当時、知能は遺伝による生まれつきの病気、その治療などは不可能と考えられていた。このタブーに挑戦した気力と意欲は、最大の賛辞に値しよう。しかも、独創的な教具による教授法を編みだし、子どもの処遇の幅広い改善と相まって、見事にはじめの目標を達成した。その成果は画期的なものだったといってよい。

モンテッソーリの遺したもう一つ貴重な業績は、先に述べた幼児期の特質は敏感期にあるという指摘だ。玉におおいかぶさった泥は、いつでも洗い流せるわけではない。放っておけばおくほど、こびりつきは硬く、傷跡は深くなる。適切な時期に洗い流さねば手遅れになる。多年の体験から、この原則を直感的に悟っていたのだろう。今日モンテッソーリは、後継者の経営方針も手伝って、早期知的教育の元祖のように扱われているが、それは本来ではあるまい。大切なのは、玉を磨き本来の輝きを取り戻すためには、そのときを逸してはならないという教訓である。

右の敏感期についての教訓を、現在の子どもの発達保障にあてはめるとどうなるだろうか。従来の保育の課題以外に、緊急しかも重い課題が生まれていることに気づく。筆者は、一言に社会的未成熟の防止といっておきたい。未成熟は、障害児や虐待児とは次元を異にする普通の子どもの問題であり、いつどこでも当てはまる、もっとも広い問題だからだ。後述の「気になる子」は、その典型例を指す。

しばらく前、学級崩壊が騒がれたことがある。発達のアンバランスと未成熟が、教育そのものの危機を招き、今なお未解決のままである。スクールカウンセラーは、はじめ中高主体に配属されたが、おそらくはあと追いに過ぎず、労多くして功少なしの結果に終わっているのではなかろうか。次第に小学校主体に移りつつある現実は、この社会的実験がもっと早い発達期に焦点があると示唆しているようだ。身体医学の場合と同様、精神発達においても治療より予防が大原則でなければならない。そして、こう考えるなら、就学前保育は未知のしかし肝要な課題に直面していると思い知らねばならないだろう。

▼「気になる子」再考

虐待の急増は、まぎれもない事実であり、発達障害もまた増加の一途をたどっている。しかし、その原因や理由が、はっきりつかめていないことがいっそう不気味さを加重《かちょう》し、精神医学者の間でもホルモンの変調など、さまざまな憶測を呼んでいる。筆者には知るよしもないが、ただ一つ、こうした急増が普通の生活と無縁な場所で起こっているとは、とても信じられないといいたい。

変調は普通児の世界にも同様に広がっているように思える。それが、前述の「気になる子」現象なのだ。そういいだせば、さらに説明を求められることだろう。

「気になる子」の事例や詳細は次章に述べるが、一口にいえば、社会的未成熟を中核にした複合微症状群を指す。さらにいえば、乳幼児期の発達課題をうまく消化することができず、どこかに未解決の問題点を残したままに成長した子どもを意味する。幼少期のいくつかの発達課題のうち、最初でそして最大のものは、自分自身がこの世界に十全に受け入れられているという感覚をもてるか否か、一言に「信頼感の獲得」にある。

信頼感の源泉は、養育者と子どもとの間に、心の通いあう温かい関係がつくられること——愛着の成立に求められる。このような関係が大きく損なわれると、いわゆるマターナル・デプリベーション（養育者不在、または養育者喪失）に陥り、その程度に応じて、何らかの発達遅滞が起こる。極限の場合、序章にあげた筆者らの事例のように、満6歳・5歳に達しているのに、身長80センチ、体重は8キロ、満1歳くらいの水準、という信じられないほどの遅滞が起こる。

しかも、こうした発達遅滞においては、成長ホルモン分泌中枢の傷害による遅滞が、ホルモン投与によって改善するのに対して、その効果は認められず、ただ正常な養育環境の獲得のみが遅滞回復への鍵となる。物質的栄養が心身両面の成長に不可欠なことは誰しも知っているが、愛着もまた心身の発達に必須な条件をなし、いわば精神的栄養にもたとえられることは、ほとんど知られていない。保育界は就学前の発達保障の重要な担い手なのだから、人間発達についてのこのような基本的知識が、ことさら大切といっておきたい。

養育放棄という虐待では愛着の欠損がはなはだしく、精神的栄養不給は極大となり、重度の発達遅滞が生じることは前述した。そうなら、より軽度の欠損もまたそれなりの遅滞を導く可能性をもつ。衣食住の世話は仮に完璧であっても、心の通わない育て方――養育不全では、やはり損傷が生まれる。

養育不全のもたらす第一の問題とは、愛着成立が不満足なため、信頼感の獲得も万全ではない点である。このような子どもは、基本的に不安定なので、些少《さしょう》の問題にもつまずき、スムーズな発達が保証できない。極端な場合、とくに障害や遅滞はないのに、それらに劣らぬ問題や症状をあらわすケースがある。障害児ではレッテルを押されるマイナスはあっても、それなりの支援も受けられる。しかし、養育不全の重症ケースでは、一方的なマイナスだけに終わってしまう。[†]

信頼の獲得に続く第二の発達課題は、自律性の獲得である。この欠損も、信頼ほどではなくとも、同じくさまざまな問題を引き起こす。はやりのADHD（注意欠陥・多動性障害）は、落ち着きのなさと不注意を特徴とする脳障害とされている。しかし、大人にとって多動や不注意とみえる行動も、未熟な幼児にとってはごく当たり前の時期がある。ADHDとは、この時期の発達課題――自律性の獲得に失敗し、その意味の未熟を引きずったまま成長した子どもとみることもできよう。むやみに障害扱いするのではなく、子どもの発達過程を深く見さだめ、対応に配慮する心構えが肝心ではなかろうか。同時に、障害児と気になる子とは無縁でないことを認識してほしい。

前章に述べたように、アメリカでは身体的虐待のようなみえやすいケースは半減したが、養育放棄のようなみえにくいものは減っていないという。まして、養育不全は、養育者にも自覚は薄いから、もっともみえにくいケースといえる。孤独のなかの育児に疲れた母親が、テレビに子育

† このような事例については、藤永保著『「気になる子」にどう向きあうか』フレーベル館、を参照してくだされば幸いである。

てを任せるなどは、養育不全への第一歩である。養育者への支援もまた、発達保障の肝要なテーマなのだ。

なぜ気になる子――養育不全が広がるのか、最後に残るのは、この切実な疑問である。背景には、現代の子育て困難が伏在《ふくざい》していることは、すでに第3章に述べた。たとえば、1990年代からの赤字国債急増にともない自殺や虐待もまた急増していることは、深刻な恐れを誘う。国家の財政規律の喪失による不安と閉塞感のまん延が、個々人の自律感覚を脅かし、責任放棄と依存性への逃避を招いているのかもしれない。根は広く深い。

▼幼保一元化の水準

前章で、幼保一元化が、そのときどきの歴史的また社会的状況により、どんな問題として現出し、どんな経過をたどったか概観した。こうみてくると、一口にいう幼保一元化にも、いろいろなレベル、また二つの異なる視点があるのに気づく。制度化という形式的視点、理念や目的という内容的視点の双方からみることができるのだ。

形式的視点からは、幼保一元化の究極は、幼稚園と保育所という制度上の区別を撤廃し、一つの施設に統一し、合わせて財政効率化を図ることであろう。その目標に至るためには、いろいろの段階や水準がありうる。認定こども園制度も、その意味では幼保一元化へのワンステップとすることもできよう。ただそのためには、グランドデザインによって描かれた長期目標とそこにいたる行程が明確になっていなければならない。認定こども園についてなら、何を目指す施設なのかという目的・内容、その「保育要領」といったものが、まず明示されねばならなかった。これらを欠いた認定こども園は、しょせんつじつま合わせ以外の何ものでもない。筆者が、厳しく批判したゆえんである。

形式面を無視した内容面だけの一元化も、似たような偏りに陥るだろう。昭和25（1950）年に厚生省児童局は、「保育所運営要領」を編集発行した。この時代、まだ保育という字句は表題にはなく、内容にはじめてあらわれる。説かれているのは、保健指導・生活指導・家庭整備指導であり、教育を思わせるものはない。「保育指針」は、昭和27（1952）年にはじめて発行されたが、同38（1963）年にいたってようやく、文部省初等中等教育局長と厚生省児童局長との共同通達により、「保育の持つ機能のうち、教育に関するものは幼稚園教育要領に準ずることが望ましい」と指示された。通達は平成20（2008）年には、新保育所保育指針として告示に格あげされ、拘束力をもつようになった。事実上の一元化達成とみる向きもある。

だが、先の共同通達の前段には、幼稚園と保育所は異なる施設と明記されているのに注意しよう。この告示はある意味で当たり前のことに過ぎないが、幼保二元体制の歴史はそれなりに古く、両者には異なる文化的体質ができあがってひさしい。一片の通達で一変するほど生やさしいものでないことは、両省当事者は百も承知ではなかったろうか。とすれば、通達は保護者の要望に応える姿勢を示したに過ぎず、どのようにそれを具現化するのか、あとに続く方策こそ一元化の真の問題である。二元行政のもとでは、当然ながら何のフォローもなかった。これでは、一元化のステップにもなっていない（ついでながら、局長通達・次官通達・省令・告示・政令など、用語ばかりはものものしいが、国民には何のことやらさっぱり区別もつかない。お上依存症の強い日本人向きに、権威的字句のありがたみを利用した巧妙な人心統制術であり、知らしむべからず政策の典型のように思える。もっと簡素にならないものだろうか）。

右のような経緯を省《かえり》みると、形式・内容の両面が相ともなって進まないと、本当の改革にはならないことが痛感される。そして、この両者のうちでは、理念や目標という内容面の改革が先導しなければならないことも思い知らされる。両輪そろっての改革が、はじめて一元化へのステップになるのだ。

幼保一元化の精神とは何か、その理念が改めて問われているのではなかろうか。一元化問題の経緯ですでに述べたように、口火は教育の機会均等の幼児期への拡充にあった。その理念を現代の時代状況に適合するように敷衍《ふえん》するなら、筆者は次のように答えたい。

すべての子どもが、それぞれの環境に即した最大限の発達保障を公費により受けることのできる就学前施設を整備して、望ましい個性化と社会化を促し、こうして国民的教育課程総体の円滑な進展の基礎をつくること、これを現代における幼保一元化の制度設計と内容充実を目指す基本理念とする。

▼二元体制の現状

表題は、稿を改めて論じるべき大問題である。むろん承知のうえだが、なお幼保一元化を考えるために、避けて通れないことがらのいくつかに言及せねばならない。

第一は、幼稚園と保育所の学力格差問題である。先般、文部科学省は幼稚園と保育所の出身児の間に学力格差があり、前者が優れていたという調査結果を発表した。これが多くの保護者に疑惑と不安を呼び覚ましたのは当然であり、新聞紙上にも投書がたくさんみかけられた。この時期になぜという疑問はおくとしても、幼稚園のほうが高い教育成果をあげているといわんばかりの発表は、はたして正しいのか。常識的にみても、せいぜい2～3年、しかも共通性の乏しい幼稚園教育が中学生になっても、なお決定的影響を残すとは信じ難い。井深理論の亡霊は、いまだに文科省内をさまよっているのか、皮肉の一つもいいたくなる。

家庭の所得水準と子どもの学力との間に正相関があることは、教育関係者にはよく知られている。幼稚園児と保育所児を家庭の所得水準別に分けて、同一階層内でも、なお両者間の学力格差がみられるというなら、幼稚園・保育所間の教育格差が、はじめて真の問題になろう。根拠曖昧の格差発表では、不安の拡大というマイナス効果以外に何も残らない。見え隠れするのは、幼保一元化問題に主導権を握りたいという文科省の思惑である。しかし、相変わらずの省益優先では、先行き心も細るのは筆者だけだろうか。

第二に、ではもう一方の主役、厚生労働省側の体制は万全か。ここにも、いろいろ疑問符がつく。

保育所については、まず制度の煩雑さに困惑させられる。東京都の場合、公立と福祉法人立の認可保育所、これに準じる認証保育所、さらに無認可保育所や保育ママの保育室など、さらに企業立という設立形態も入り混じり、それこそ第三者には理解不能、つぎはぎ細工もよいところのありさまだ。

加えて、機能は共通なのに、施設間にはさまざまな格差がある。筆者が通うのは、私立の認可保育所で上の部に属するが、もっとも早く統合保育を始め、延長保育や年末年始保育などもほかに先がけて行うなど、熱心さにも定評がある。筆者からみると、激務の割には恵まれているとはとてもみえないが、それでも無認可施設に比べれば、補助金額が大きいだけに経営は安定しているのだそうだ。しかも、この園からみても、公立保育所は給与水準が高い、年限を気にせずに勤められる、休日が確実に取れる、施設が整っている、それなのに延長や年末・年始保育はやりたがらないなど、さまざまな差があるという。無認可などは、推して知るべしだ。

親方日の丸経営の公立保育所についてしばしば指摘されるのは、その高コスト体質である。鈴木亘氏によると、武蔵野市の場合、幼児一人当たりの運営費は、月額で公立22万円に対し、私立は15万円に止まる。一方、親たちが支払う保育料は、認可保育所の場合、全国平均で２万円強に過ぎない。国の定めた保育料の基準は、所得に応じて負担が増す仕組みになっていて、３歳以上では、最高所得水準なら10万１千円のはずという。ところが各自治体は、独自に地方財源を投じて軽減措置を講じ、東京都で最高の武蔵野市ですら上限２万８３００円に過ぎず、実際の保育料は２万円を切っている。その分、税金により補填されているのはいうまでもない。直接・間接、財政不均衡を高め、是正措置がなければ、さらに加速するだろう。

確かに、運営効率の高い企業立の場合、常勤保育者が少ないなどの問題があるようだ。正統保育所関係者が、参入障壁を高め、自己防衛を図るのも理解できないではない。しかし、高コスト体質の公立保育所は新設困難で、そのため経費負担の高い準保育施設が増え、その保護者たちがより高質・低負担の公立や認可保育所へ移ることを切望するのは、当たり前すぎることだ。待機児童の増大とは、保育諸施設間の大きな格差が招いている統計フィクションという一面をもつ。幼保一元化どころか、まず保育所一元化を図れと皮肉をいいたくなる。

このような情勢からは、保育三団体が、結局、既得権益擁護組織と化しているという厳しい批判が生まれてくる。民主党政権に代わり族議員が消失した（ようにみえる）のは、一つの改革と評価できたはずだったが、私益・省益擁護スクラムは強固に残っているのでは困りものだ。ここでも、手段と目的との取り違えがあるのではなかろうか。幼児の権利擁護を目標にするなら、目前の狭い世界の子どものそれは終局に至る一つのステップであり、次はより多くの子どもにと願うのでなければならない。幼保一元化の主旨からは、最終目標は、すべての子どもに対し、無償で最適の就学前発達保障施設の整備にあることは、すでに述べた。自他ともに、それを銘記しておきたい。むろん、これは独自理念に基づく私立施設の存在や意義を否定するものではない。

▼幼稚園と保育所の現状

これも少ない紙面で済ませられるような問題ではないが、一口に何ともちぐはぐな現状だけには触れておこう。幸い、筆者の親しい知人が、二人の子育てのため東京近郊都市で乳児保育所・公立保育所・私立保育所・認定こども園に通わせた、というめずらしい経験をもち、手記を寄せてくれた。以下、その抜粋で代えたい。

二人とも近所の乳児保育園から、姉は私立の保育園（経営母体が、隣地に幼稚園も併設）に移り、妹は同じ保育園に通うのを楽しみにしていたのに、親の勤務条件変更により公立保育園に通うことになりました。妹は嫌がって毎日大荒れ、空きのでた認定こども園に急遽転園させました。

妹の認定こども園は、金銭面で大変です。入園料・園服・用具・昼食費・通常保育料・延長保育料など、二人が保育園に通っていたときの倍額にもなりました。ここの幼稚園は「お受験幼稚園」と評判で1クラス35人4クラスのマンモス園。先生の目は行き届いているのか不安ですが、着席などは、徹底してしつけられているようです。

姉の私立保育園は幼稚園併設なので、教育も幼稚園に近いものが取り入れられ、集団行動など、きちんとできるよう教育を受けています。

妹の2か月通った公立保育園は、午前は園庭遊びとお散歩、午後は自由遊び、雨降りなら集団でお絵描きや粘土、１クラス20人に先生は二人。遊びの意義を決して否定するものではありませんが、でも保育や教育に対する意識は、姉の私立に比べてずいぶん低いのではないかという印象です。集団不適応で問題になる子は、公立保育園卒が多いようですが、さもありなんと思えてしまいます。

義務教育では、親の意志、本人の希望で公立・私立など学校選択も可能ですが、幼児教育では、親の就労形態、居住地域、公立保育園や幼稚園の有無により左右され、親の負担も相当違ってきます。

認定こども園や保育園などが、子どもや親の希望を離れ、政治・金銭面の都合で策定されていると強く感じます。

私立幼稚園は営利経営なので、いろいろな名目でお金を巻きあげ、そのような園のほうが経営が安定し、認定こども園を設置できる財力をもち、その子ども園にフルタイムでないために公立や認可保育園をあきらめた親が殺到しています。私の住む市は私立幼稚園が多く、保育園新設より認定こども園を増やす政策が採られていますが、市には金がかからず幼稚園経営の大地主を潤していくよい政策なのでしょう。でも、親には大変な負担を強いるものだと思います。

さまざまな面で同格、質のよい志の高い幼児教育機関や保育施設の新設を心から思います。

▼短期政策としてなら専門研修機関の設置を

幼保一元化について、民主党は平成23年通常国会（第180回国会）に法案提出予定と報じられたが、消費税増税法案のために自民・公明両党と妥協を重ねた末、結局、認定こども園に逆戻りしたことは、記憶に新しい。しかし、繰り返しになるが、もし元の総合こども園が一元化への架け橋と考えていたのなら、大正期から数えてほぼ100年に一度の大改革になるはずだった。その間、さまざまな岐路があらわれるたびに、幼保一元化が試みられ、常に挫折と先送りに終わってきたことも忘れてはならない。

結果として、先送り問題が山積みしているありさまは、すでに触れた。たとえば、幼保一元化の前に、保育所一元化がなければならないだろう。また、幼稚園・保育所、それぞれに異なる文化的体質を統合できるのか。認定こども園をどのように改定するのか。何よりも、二元行政は永久不変なのか。子ども手当てで、すでにつまずいた財源問題に目途はあるのか。数えたてれば際限もない。

もう手遅れの感じに駆られる向きも多いだろうが、こうなればいっそ思い切って、世界一の子育て大国を目指す、というくらいの意気込みで取り組んでほしいと切望する。そのためのグランドデザインを描き、長期・中期・短期の方策を定める工程表を明示し、一歩ずつ着実に進めてほしい。くれぐれも、最初の認定こども園のような拙速は慎むべきである。

短期政策としてなら、保育大学院大学創設は有効なものの一つと思われる。これについては最後の章に述べるが、エデュ・ケア21研究会では、看護や福祉などの大学院も同時に必要ではないかという意見があった。大いに賛同する。こうした一体的な取り組みができれば、すべての保育・福祉・看護関係者の志気は、大きく高まることだろう。今後の政策的検討を期待したい。

第3部
就学前の発達目標と成育の課程

8章 子ども問題の多様化と深刻化

保育に欠けるとは何か

▼子ども相談の変遷

筆者は、この40年来断続的ながらも、統合保育に熱心なある保育所の療育アドバイザーを務めてきた。当然、主な仕事は、自閉症・ダウン症など、保育所で引き受けることのできそうな軽度発達障害児や発達遅滞児の療育相談にあるが、次第に広がって大小軽重《けいちょう》さまざまな子ども問題の相談にあずかることとなっていった。

障害児や遅滞児の療育相談についての基本問題はそう大きく変わってはいない。しかし、それ以外のより広い問題のあり方についてなら、ここ十数年で大きく変化したという印象が強い。

第一は、親の相談態度の変化だ。かつては、こちらから呼びかけなくとも、親は進んで相談にくることが多かった。現在は、お子さんの現状についてご相談したいことがありますと呼びかけて、はじめてやってくる親が圧倒的に多い。それでもさすがに8割方は約束通りに面談に訪れるが、先方の都合にあわせて設定した日どりの朝になって、今日は急用で行くことができないと連絡してくる人がいる。それはまだよいほう、二度三度と約束をすっぽかされ、とうとうあきらめてしまうケースもある。さらには、子どものことは自分が一番よく知っている、とやかくいわれる理由はないと、最初から断られる例もある。

第二に、相談内容の変化がある。昔、今はもうほとんどみられない夢遊病症状について困惑しきった顔の母親から不安の訴えを受けたのは懐かしい思い出だ。これは一例にすぎないが、当時、子どもの精神衛生上の知識は、ほとんど普及していなかったので、チック症状などについての質問は代表的なものの一つだったのを覚えている。指しゃぶり・夜泣き・離乳の仕方・左利き・夜尿などの定型的問題は、昔も今もさして変わりはないが、かつての三世代同居からくる母親と祖母の間のしつけ方針の違いがもたらす葛藤といった問題は、すっかり影を潜めた。近年、目立って増えていると感じるのは、いわゆる「気になる子」である。

気になる子という普通のことばが、近年の保育界では一つの流行語——といって悪ければ、一種の術語のように使われていることは、それ自体こうした子どもが急増しつつあることを象徴するものであろう。その事例については次に述べるが、気になる子の内容も論者によってさまざまであり、障害児との境界例や虐待症状まで含める本もある。

確かに近年、大きな子どもの問題として取りあげられるのは、発達障害と虐待の二つである。虐待はこの20年来急増していることは前述した。発達障害は、アメリカの小児精神医カナー（Kanner, L. 1894 - 1981）が１９４３年に「早期幼児自閉症」という症状名により、新しい児童病理を報告したことに始まるが、その後アスペルガー障害など類似の症候が報告され、これに非定型的な類似障害も加わって広汎性発達障害と呼ばれるようになった。学習障害（ＬＤ）や注意欠陥・多動性障害（ＡＤＨＤ）なども同様な社会性の未熟や欠陥を示すことが多いから、日本の文部科学省はこれらを総称して発達障害と呼ぶようになった（筆者としては、この名称は、精神遅滞などまで含む包括的なものとみえるのに、実は特異障害のみを指している点で誤解を招く恐れが大きいと考える。また、すでにふれたようにＡＤＨＤのようなあいまいな症状も脳機能障害と決めつけるなどは、行き過ぎではないか）。その点では、これも新しい問題ともいえるだろう。気になる現象であることは間違いない。

しかし、これらはいずれも周知のことといってよい。さらに、そう判定されればレッテルを貼られるという大きな負担を負う反面、さまざまな公的支援を受けることができる。プラス・マイナス両様の意味で、気になる域を越えているのではなかろうか。

筆者としては、気になる子とは、障害児や遅滞児ではなく、普通児との間に広がるグレイゾーン——あくまで〝気になる子ども〟としておきたい。詳細は次に述べるが、さしあたり一見普通にみえるが、ある状況のもとで大人を悩ませる理解に苦しむ特徴があらわれ、しかも改善の兆《きざ》しが容易にみられない、そうした子どもをいう。「気になる」時点では公的支援も望めないから放置されたままに置かれれば、グレイゾーンから障害・問題領域にと移行していくかもしれない。逆に適切な処遇があれば、問題に発展しなくてもすむだけではなく、困った問題の解消や障害治癒についての知恵も生まれるかもしれない。繰り返しになるが、治療よりは予防という原則に立つなら、グレイゾーンの「気になる子」こそ、今の子ども問題の中心に位置づけねばならない。このことばが嘆《なげ》きとも呻《うめ》きともつかぬ流行語になっているのは、多くの保育者がそれを予感している証しではなかろうか。

▼気になる子の事例①——Ａｙ

ここで、「気になる子」と発達障害との異同についても触れておきたいのはやまやまだが、あとに気になる子とは何かを述べるので、おのずから違いは知られるはずである。まず、具体的な事例からみていこう。

典型例は、たとえばＡｙ（仮名）である。当時５歳の女児、利発で学習能力は高く、何をやらせてもそつがない。発表会に際して、はじめての楽器の演奏法をいち早く会得し、仲間に教えるほどである。体も大きく、運動や体育にも優れている。保育者の指示やルールはよく理解し、それに従う。保育所の行事にも、スムーズに適応できている。これだけなら、何の問題もない子どもとみえるだろう。ところが、保護者会の折にとんでもない騒動を起こした。

保護者会なので、飲み物は麦茶のような質素なものを園側で用意してあった。それは十分承知のはずなのに、ジュースがほしいと母親に泣きわめいてとまらず、そのため保護者会は30分も中断させられたという。

それから注意してみていると、気になる特徴がいくつか目についた。たとえば、食事時間が異様に長い。野菜嫌いなので苦手なものが多いのはわかるとしても、嫌そうにほんの少量を口に運び、間を置いてまたお箸《はし》を動かすという具合である。食を楽しむ様子がまったくみられない、といったらよいかもしれない。やむをえず制限時間を決めて、それまでに食べ終わるようにいうのだが、しばしば時間切れになってしまうありさまである。

もう一つ、友だちづきあいが下手なことも目についた。出会いがしらにぶつかった程度の小さなことですぐいさかいを起こし、相手が悪いといいつのってやめない。自立性は高いけれども、協調性に乏しいというアンバランスが目立つ。知的成熟度は高いのに、社会的成熟度はうらはらに貧しいのだ。このままでは、やはり小学校に進んでからが心配になる。

問題は、なぜこうなるかにあるのだが、母親に面接し、その他の資料を参照するなりして、およそ次のような事情がつかめた（プライバシー保護のため、以下事例の記述は本質を損なわない程度に変更を加えてある）。

母親は有能な医師であり、勤務先の病院で重要な職務に就いている。そのため、帰宅時間は遅く、延長保育の刻限午後8時にも間に合わないことが多い。そういうときどうするかといえば、近所の元保育士の篤志家《とくしか》女性が自分の家に引き取って、母親がときに深夜に帰宅するまで預っている。聞けば、この子は父母が幼少期に離婚して以来、ずっとこうした生活を送っているという。

気になる兆候も、このような生活環境を考え合わせると得心《とくしん》がいく。この子は、いわゆる一家だんらんという仕方で、食事をしたことはほとんどないのだろう。食事とは忙しい母のスケジュールに合わせて、短時間でものを詰め込む儀式的行事にすり替わってしまった。だから、食の楽しさを味わったことがないのを手始めに、日常生活での小さな要求不満は溜りに溜まっていたと推察される。その点ではまた、平凡な仲間がうらやましくてたまらないことも多かったのだろう。これらが折り重なって、保護者会の折のカンシャク発作の原因をつくった。

友だちづきあいが下手なのも、もとはといえば、親子関係の偏りからきている。幼児は、当然ながら、はじめはうまく仲間と遊ぶことができない。いさかいになって親に注意され、危い行為はしかられ、「貸して」と頼むことなどを教えられる。それが仲間関係の基礎をつくるのだが、この母親にそのゆとりはなかった。たぶん、この子は、仲間づきあいの機会も薄く、それについての親身な教示を受けたことのないままに育ったのだろう。

といって、母親にまるきり愛情がなかったとしてはならない。相談の呼びかけに、母親はすぐ応じてくれた。多忙で十分な世話ができないために、わが子に強い要求不満があり、それがカンシャク発作を引き起こしたこともよく承知していた。実は、私も幼少時母親がうつ病のため、ろくな世話を受けずに育ったのですとも語ってくれた。しかし、成績はよかったので学校では認められ、順調に進学し今日の地位を得た。知的能力さえ高ければ、自分と同様、Ａｙも社会的成功を収められると信じている。親子関係が乏しいのはよく知ってはいるが、その少ない時間はもっぱら数や文字の教育にあてたという。確かに、その点ではこの子は優れた才能を示していた。

しかし残念ながら、母親のしつけ方針には、やはり問題があったといわねばならない。小学校へ進学したこの子は、ささいな原因から絶えずトラブルを起こし、はてはひどいカンシャク発作で授業もできないほどの騒ぎを起こし、クラス一の問題児扱いとなった。驚いた母親は、忙しい時間を割いてPTA、その他の学校行事に協力的な姿勢をみせて、子どもの世話にも時間を取るようになった。話し合いは、必ずしもすべて無駄に終わったわけではない。

Ayは、「小学校では遅すぎる」が本当かどうか、それを占う試金石だった。その後の経緯は、曲がりくねりながらもどうやらよい方向に向かっているようだ。小学校高学年に進み、さすがにカンシャク発作はなくなったようだが、仲間づきあいは依然としてよいとはいえない。しかし、塾の先生は頑張り屋だとほめているという話を聞いた。

▼気になる子の事例②――Sy

一つの事例だけでは、何を騒ぐのか納得のいかない人も多いことだろう。次に、もっとも深刻だった例をあげよう。ここでは、気になる特徴が次々と出現し、その対応に追われて母親も父親も発達障害児にも劣らぬ苦労をまぬがれなかった。

はじめてこの子をみたのは、1歳児クラスに入園したてのときだった。かわいい男の子だが、表情に活気がないのが気になった。相談どころではない入園早々の時期に、両親そろっての面談希望は近年まれな例だった。

最初の訴えは、頑固《がんこ》な指しゃぶりだった。寝るときのタオル固着《こちゃく》もひどいという。しかし、子どもを実際にみる暇もないときだったから、指しゃぶりの一般論でお茶を濁すよりなかった。それにしても、両親そろってとは大げさだ。こういう場合、最初の訴えの多くは序の口で、本当の問題はあとからでてくると心得ておかねばならない。はたして、その後の数年間、あとからあとからでてくる問題の対応に追われ通しだったのを思いだす。詳細はとても書けないので、以下に大まかな経過を述べるにとどめる。

母親の回想によると、Ｓｙ（仮名）は生まれたときから極端に気難しく育てにくい子どもだったという。夜泣きがやまず、抱きあげていくらあやしても泣きやもうとはせず、根負けして放っておくこともあった。実家に連れて行くのにいつも車を使っていたが、あるとき都合で電車に乗せたら音の違いに気づいたのか大泣きしてやまず、とうとう降りてしまうほどだった。悪いことにこの時期、母親はみずからの事業の拡張期で仕事に追われ、子育てのゆとりがなかった。どうにもならないときは放置し、人任せにするなど、自分も認めるように十分な子育てはできなかったようだ。

1歳のころになると、大泣きは収まり一見手がかからなくなったようにみえたという。本当は、活気を失い、指しゃぶりにふけり、親のいいなりになっただけであろう。しかし、目立つ問題群はこの時期以降、次から次へと起こってきた。

2歳のときには、先に述べたように極度の指しゃぶり、右手を使わねばならないとき以外は、絶えず右の拳ごと口に入れている、寝るときには片ときもタオルを離さない、すべて親や保育者に頼りきり、自分からは何もせず、困ると弱々しく泣き、抱っこしないと収まらなかった。

3〜4歳のときには、無気力が目立ち積極的に何もやろうとはしないのに、集会などの折、静かに座っていることができず、立ってはどこかに行ってしまう（多動）、指しゃぶりにふけり、何をいっても聞いてはいない（注意欠陥）などが問題だった。

4〜5歳にかけては、また問題点が変わってきた。ようやく仲間関係ができてきたのだが、その結び方が何とも稚拙《ちせつ》なのである。この子は女の子が好きなのだが、せっかく仲よくなってもその子を自分だけで独占しようとする。わずらわしくなった相手が逃げようとすると、なおしつこく追い回すので、結局は嫌われてしまう。そんな関係を二度ほど繰り返し、親しい仲間はつくれなかった。排泄のしつけもうまくいかず、さらに奇妙な恐怖症があらわれた。トイレでおしっこはするのだが、大便はどうしてもでないといい、パンツのなかにしてしまう。実は、その少し前、やっと排泄のしつけができかかったと母親も保育者もよろこんでいた矢先だった。なぜ、排泄恐怖が大便に限って生まれたのか、しかもトイレ恐怖からではない。何ともわかりにくい話だった。母親、担当保育士と相談し、心当たりを探ったのだが、皆、首をかしげるばかりだった。

　この当時、母親に対して極端な依存性がみられ始めたことと関係があるのかもしれない。一から十まで母親の世話を求め、多少でも注意すると何もしなくなってしまう。排泄恐怖は、一つには母親の自分に対する配慮や注意を強化する手段という一面をもつことは疑えないが、しかし、大便だけに起こったことは、依然として謎のままである。

　そうこうしているうちに、否応なく小学校への進学が迫る。問題に追われ通しだったから、たとえば、読み・書きなど、最低限の進学準備もままならない。小学校に入っても、なお遺糞《いふん》・遺《い》尿《にょう》はやむどころか、一向に改善の兆しもみえなかった。同級生からも、敬遠されているようだという。

　はたして、小学校の学習課程が本格的に始まると、どうしようもない遅れが目立ち始めた。ひらがなの学習帳を母親がもって相談にきたことがあるが、とうてい字が書いてあるとはみえない奇妙なぬたくり書き†が枠をはみだして広がっていた。何も準備がないところに、いきなり書く練習では、こうなるのは目にみえている。書くまえにまず読みの学習を徹底してやることが必要だし、今まで保育所でも自信がなく、ろくに絵を描くこともしなかったのが思いだされる。めずらしく一度自分からいいだしたときも、ことさら小さい紙をもらい何色かのクレヨンで小さな点々をいくつか描いただけ、これは何と聞くとブドウと答えた。こういうように、自分を解放し素直に表にだせない自信のなさと縮こまりが根底にある。その意味で、ありきたりのやり方で教えるのでは、大した効果はあがらない。この子の気持ちがよくわかったうえでの指導が必要では、そうアドバイスをした。

母親は、ついに仕事を捨て、この子の教育に自身が全力をあげることとした。Ｓｙにとってもそれはうれしいことに違いなかった。少しずつだが、家での予習・復習に身が入るようになっていった。よい方向と思っているところへ、また母親が駆け込んできた。母親がつききりでの予習と復習をよろこんでやっていると思っていたのに、先日は罵声《ばせい》を浴びせて反抗し、絶対やらないと部屋に鍵をかけ閉じこもってしまった。そうかと思うと、もう乱暴しないから許してと泣く。どう扱ったらよいか、ほとほとわからなくなったという。

普通なら幼児期前半にあらわれる反抗期がやっと訪れたのだから、むしろ取り返しという意味ならよろこぶべきことではとアドバイスするのだが、母親にはやはり落胆の色が濃かった。スト

---

† 「ぬたくる（り）」とは、体をくねらせてはいまわる様子のこと。ここでは、ひらがなの字形が定まらずノートに書かれている様子をいう。

レスも限界にきたのだろう。2年生を終えるころ、母親は個別指導で熱心な私立小学校を探しあて、父親も全面協力して、一家あげてその近所に引っ越していった。

うれしいことにそれから4年後、母親から元気に通学していますという便りがあった。本人からも、きれいな字で書かれた感謝の手紙がきた。家族の努力が、とうとう実を結んだのはよろこばしいことだった。だが、振り返れば長い長い回り道だった思いが深い。

▼保育に欠けるとは

同様な事例は、まだいくつでもあげることができるが、右の二つの例だけでも子育て問題へ示唆するところは大きいように思われる。それらは、個々のケースに特徴的なものと両者共通なものとに分かれるが、次に考えるべき点をあげてみよう。

第一の事例にみられるのは、親はやはりみずからの体験にもとづいて子育て方針の大きな分かれ道を選ぶということであろう。Ａｙの母は、自身が十分な世話を受けた覚えはないが、学力に優れていたので社会的成功を収めたと考え、乏しい自由時間はＡｙとの遊びよりは読み・書き・算数の教育にあてた。おそらく、わずかのおねだりにもかまうゆとりはなかったのだろう。少々のカンシャク発作も無視したのだろう。こうすれば、子どもはあきらめると体験的に知っていたからだ。

幼児虐待について、アメリカの資料では、虐待する母親の7割は自分も虐待を受けた体験をもっているという。虐待が虐待を呼ぶという負の連鎖は、よく世代継承とか、世代間連鎖と名づけられている。しかし、Ａｙのような例をみれば、世代間連鎖は何も虐待に特有ではなく、子育て一般に通用する原則かもしれないと思えてくる。これについては、どのような場合に世代継承が起こりやすいか、いっそう研究の必要があろう。

それはおいておくとしても、この母親は一つだけ誤っている。親身なつながりよりは知的技能をというのなら、なぜＡｙはわざわざ保護者会の場を選んでカンシャク発作を起こしたのか、それを考えてほしかった。少々のカンシャク発作は母親には効き目がないことを利口《りこう》な少女はよくよくわきまえていた。だからこそ、逃げようのない場面をとらえて無理難題を吹きかけたのだ。ほかの親たちの面前でやったのは、自分も仲間と同じように扱ってほしいという願望のあらわれだった。要求不満の根強さを思い知らねばならない。

さらに学力さえあればというが、母親の場合、学校の先生が努力を認め、評価してくれたことが励みになり、ひいては生き甲斐《がい》の根をつくったのかもしれない、それを忘れていては困る。人を育てるのはあくまで人であり、ただの技能ではない。小学校に入ってから、母親はようやくそこに思いいたったのだろう。そこから、Ａｙの新たな成長が始まったと思える。

Ｓｙのケースはひときわ謎が深い。両親、とくに母親は、発達障害にも劣らぬ子育ての苦労を味あわされたのだが、なぜそうなったのかが、謎であり問題である。Ｓｙは、客観的には何一つ不足はない。父親は大企業のエリート社員、母親も才能ある服飾家であり、自分のブティックをかなり盛大に経営していた。両親ともに子どもに愛情を注ぎ、夫婦なかは協力的だった。絵に描いたような幸せな家族にみえる。それなのに、なぜこんな子育て崩壊が起こったのだろうか。

詳しいことはケースリポート[†]をみていただくよりないが、一言でいえば、最初期の手抜きが長々と尾を引いたとしか思えない。それに加えて、子どもの強い神経症的素因が、問題をさらに困難にした。どちらか一つだけなら、これほどやっかいな事態にはならなかったであろう。その意味では、これらの要因が相互に促進し合うと、発達への負担は何層倍にもなりうることを知らなかったのは母親の不運だったといえる。子育てと子どもの発達についての基本的な知識の普及が望まれる。まれにしか起こらないにしても、こうした崩壊症状はその小型版への強い警告として生かされなければならない。

個々の特徴ではなく、この両事例に共通する警告とは何だろうか。両者とも、経済的には現在の日本では平均以上、とくにＳｙではかなり上位にくるといってよい。学歴や社会階層という点でも、上の部類に入るだろう。Ayには一人親という不利な点はあるが、それが大きな負担になっているとは思われないし、Ay本人も母親も気にしている様子はない。どこをとっても、社会・経済的には恵まれているといってよい。

しかし、両事例には、共通する問題がある。発達最初期から母親のしつけには、愛着の不全からくる揺らぎが大きく、子どもに大きなストレスを与えた。母子間に心の通う親身な関係――愛着があれば、子どもは多少の揺らぎに耐え、待つこと、抑えることを学ぶ。こうして、不信を乗り越えての本当の信頼をつくることができる。AyもSyも、大きな揺らぎや一方的な強制を体験し、母親に真の信頼をもつことができず、ひいては自分の生きていく世界を信じることができない。ささいな困難も、すぐに脅威や不安を引き起こし、不信を増幅するという悪循環に陥ってしまう。

序章に私たちの追跡した養育放棄の事例について述べた。その際、子どもの成長にかかわる環境条件として、モノよりヒトが大切という大原則を強調したはずである。これらのケースでは、ヒト環境に大きな欠損があったというべきだろう。

---

† 藤永保『「気になる子」にどう向き合うか』フレーベル館を参照。

さらに掘りさげれば、母親たちに何の援軍もなかったことが問題である。かつての母親が格別子育てに優れていたわけではないだろう。第一子に対して、今の母親たちよりは、はるかに乳幼児との接触経験は高くても、それが直接子育てに役立ったわけではない。具体的問題に対して戸惑うことは同じだったろうと思う。しかし、母親は孤立無援ではなく、その母親、親族、地域の縁者などが随時助けにきてくれた。こうして、子育てに習熟していったのだ。

ところが、Ａｙ・Ｓｙは両者とも、父母は地域に根づかずに多忙な生活に明け暮れし、そうした人間関係をもたなかった。Ｓｙの父親は子どもを愛し、母親にも協力的だったのは救いだが、父親自身は積極的にアドバイスをするわけではなく母親をサポートするのがせいぜいだった。子どもの素質への信頼感が強すぎるために、小学校に入るころには問題はなくなるはずと楽観論を述べていたのを思いだす。この楽観論は、さらに消極性を助長した。

こうした状況を考え合わせると、仮にＳｙの母親に対して、気難しい子ほどていねいに扱うのが大事、１年間我慢すればずっと楽になるからと親身に助言してくれる人がいたら、後々《のちのち》これほど苦しまなくてもすんだのではないかと、痛感させられる。母子関係を取り巻く人間関係の貧困が、さらに子育て困難に輪をかけたのだった。

先に子育て困難をもたらす二大要因として、経済的貧困と人間関係の貧困の二つをあげた。ここでのケースは、ともに人間関係の貧困が、ときとして極限の困難と問題を引き起こす例である。従来「保育に欠ける」ということば†は、保育所の由来から暗に家庭の経済的貧しさによる養育不全を指して使われてきたが、今はこのことばにも全面的な見直しが必要になったのではないか。経済的貧困と並んで、人間関係の貧しさからくる養育不全をも、このことばに入れなければならない。

▼少子化と子どもの価値

現下の日本では、少子化対策が肝要な政策課題として論議をにぎわせている。それ自体は必然のなりゆきだが、気になるのはここで問われている子どもの価値についてである。多くの論者は、少子化が進めば将来の労働力人口は先細りになるのに高齢者人口は増えるばかり、少数の働き手が多数の年金受給者を支えなければならなくなる。国家財政はすぐにいきづまると説く。

この論調のなかでは、子どもはもっぱら未来の労働力という功利的価値の観点からのみ捉えら

---

† 児童福祉法第39条には、「保育所は、日日保護者の委託を受けて、保育に欠けるその乳児又は幼児を保育することを目的とする施設とする」という規定があり、保育に欠ける＝日中養育者のいない子どもが、保育所入所の条件になっている。

れている。筆者自身も年金を受けている身のうえだから、論議の切迫感は身にしみるのだが、しかし、子どもの価値のその他の側面が、ほとんど見逃されているようにみえるのは気がかりだ。

人口統計学者によると、少子化の原因の7割くらいが、未婚率と晩婚化の増大によって説明できるという。しかし、残る3割は必ずしもそういうことではなさそうである。一口にいって、子どもという価値の相対的低下とでも呼べるようなものが、ここで際立つのが最近の風潮である。

合計特殊出生率として、およそ1.3人がここ何年か推持されてきたのだが、今年はそれすら下まわり気味だという（図9）。長期の変動を予測するのは早計であろうが、結婚しても、こういう時代に子どもを残す気にはなれない、そういう考えを洩らす人々が次第に増えつつあるという。子どもは、無条件のよろこびではなくなった。

先の事例の母親たちに、子どもと仕事のどちらを取るかを訊ねたら、ためらいはあるにしてもやはり「仕事」と答えるだろう。といって、それを責めようとは思わないし、その資格もない。グローバリゼーションのかけ声のもと、若年層では経済格差が拡大し、日本の貧困率はアメリカに次ぎ世界第2位の不名誉を記録したし、現在も下位に低迷している。一方では、堀江貴文氏のように金で買えないものがあるかと豪語する人間もでてくる。要するに、人の価値は、その人のかかげる社会的業績というよりは、経済的収益によって評価される時代なのだ。個人は、その社

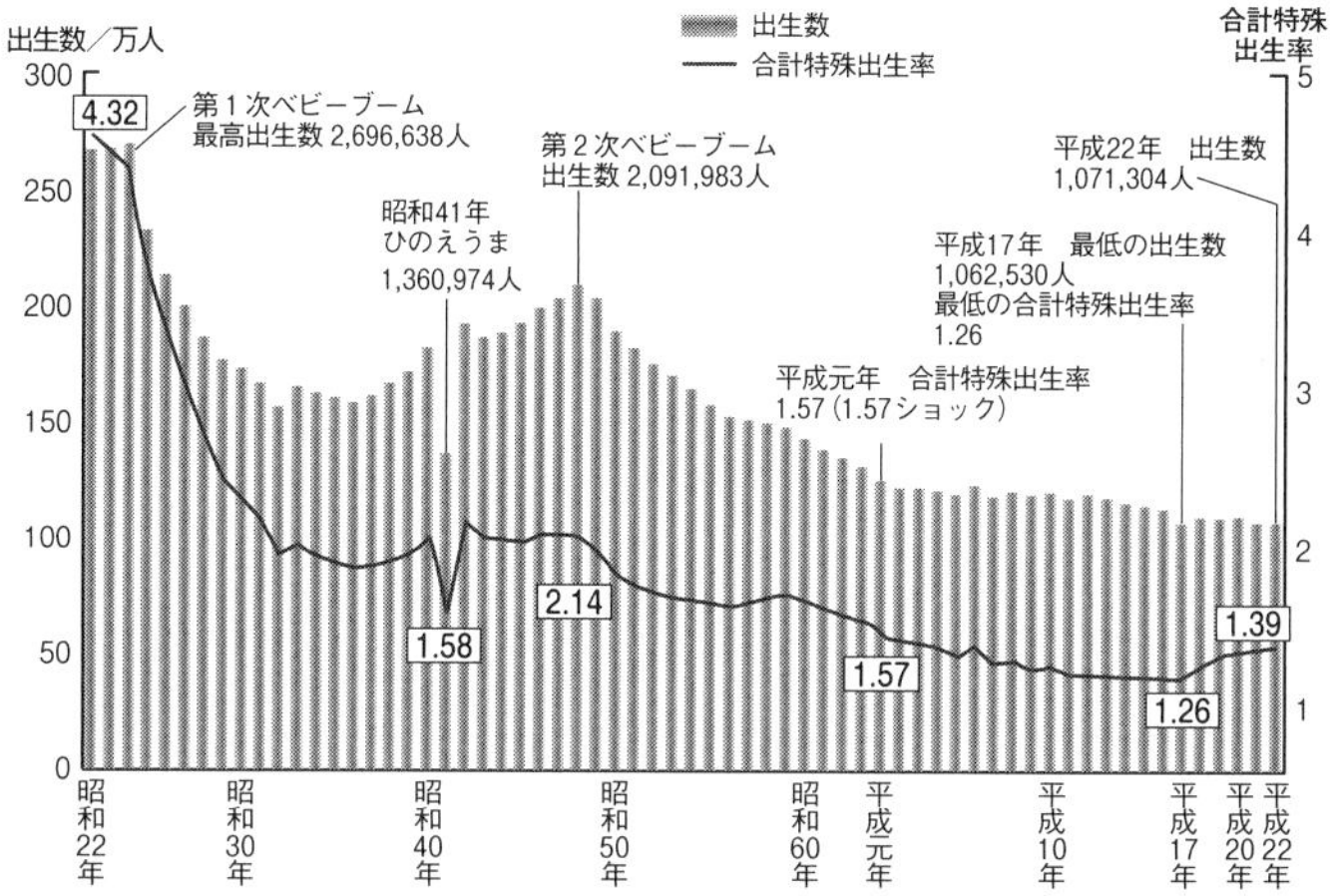

［図９］出生数および合計特殊出生率の推移

（厚生労働省「人口動態統計」より作成）

会的メリットによってのみ、自立的人格を保証される。これを、メリット個人主義とでも呼んでおこう。子どもの価値も、この意味でのメリット個人主義に一元化されてしまった。

その結果、かつてのような男児尊重による性差別が薄くなったのはけがの功名だが、反面、男女児を問わずその評価は社会的・経済的メリットに向けられ、差しあたりよい学校に入るための算数や読み・書きの先回り教育が行われる。この人生最初の生存競争に負けようものなら、もう子どもとしてのメリットを認めてもらうことができないという不運に陥る。反面、知的発達以外の社会性や感情生活の発達は、メリットとは無関係として無視されがちである。発達の偏りは軽視され、A yのような事態に陥る。

少子化は将来の財政破たんと説けば説くほど、ヒトはまず自身の老後に不安を感じ、結婚や子どもどころではないと思ってしまうのではないか。こうした不安が、晩婚化や非婚化にも何かしらの影響を与えているのではなかろうか。

もっと問題なのは、知らず知らずのうちに、功利的価値観を社会に浸透させているため、子育ては徒労、子どもの価値は二の次という暗黙の社会規範をつくりあげている点である。こうなっては、むしろ逆効果といわねばならない。根本目標を見失い短期的政策しか目に入らないあまり、意図しない逆効果を招いているとしたら、日本の政治や政治家はこの皮肉を苦く噛みしめる必要がある。

▼「気になる子」とは何か

「気になる子」とは、グレイゾーンといったあいまいないい方をしてきた。成長途上にある子どもの可塑性《かそせい》を重くみるなら、むやみに病気まがいの症候名をつけるべきではないと筆者は信じ、あいまいな名称がむしろ好ましいと考えてきたからである。しかし、現代の子育て困難をいわば象徴するのが気になる子だとすれば、その本質はどこにあるか理論的に規定することは、やはり避けて通れない課題となる。

「気になる子」は、さまざまな角度からみることができるだろう。それによって規定の仕方も変わってくるが、こうした見方が総合されれば、その本質はいっそうよく理解されると期待し、次にいくつかの規定を述べてみよう。

第一に多少理論めかしたいい方を使えば、「社会的未成熟を中核にした複合微症状群」ということになる。微症状とは、読んで字の通り、はっきり病気や問題といい切れるほどではないが、さりとて見過ごすのはどうかといった状態を指す。気になる状態といってもよい。具体的には、指しゃぶりとか夜尿など、多少の遅れや問題である。名前通り、ただ一つまたはわずかなもの二つくらいなら大げさに騒ぎ立てるほどのことでもない。多くは、成長にともなって自然に解消されていくものだろう。

気になる子の場合は、しかし、同じ微症状であっても必ず複数のものが、同時または継時的にあらわれ、持続期間や程度も重い。しばしば、かつての典型症状が形を変えてあらわれる。カンシャク発作は今もよくみられるが、最近はそれに代わって理由のわからぬグズグズとなってあらわれることがある。ふつうのカンシャクは母親には通用するが、父親にはむしろ逆効果といったような場合にあらわれやすいのか、と筆者は思っている。

指しゃぶりは欲求不満のあらわれとするような解釈は、フロイト以来古くからあるが、単独に読み解くのではなく、これら微症状群のもつ意味を相互に関連づけて、より深い意味を見いだそうとするとき、「気になる子」の訴えがはじめて明らかになる。その事例はすでに示したが、中核になっているのは、何らかの社会的未成熟あるいは社会化の偏りである。Ｓｙの場合は典型的な未成熟、Ａｙでは一方的な知的発達重視とうらはらな社会的・感情的機能の軽視が潜んでいた。

右のようにみてくると、発達課題の成否という観点から「気になる子」を理解することもできる。これが二番目の規定のあり方だ。

アメリカの精神分析学者・発達心理学者エリクソンの唱える発達課題は、卓抜な構想として評価が高い。最初期の課題「信頼対不信」についてはすでに述べた。これに続く課題としてエリクソンは、幼児前期の「自律性対疑惑・恥」、続く幼児後期の「自発性対罪悪感」をあげている。信頼対不信の場合と同様、真の自律性や自発性は、それぞれ疑惑や罪悪感との葛藤を克服して、はじめてつくられるものと理解してほしい。まとめていえば、就学前の発達期に、信頼、自律、自発性という三つの自我機能、あるいは人格的価値を身につけねばならないことが告げられている。

しかし、ここで問題になるのは、エリクソンがその発達課題説を構想した時代の社会的背景と現代日本のそれとが大きくかけ離れたという点であろう。各発達期の鍵を握る対人関係として、最初期の乳児期には、エリクソンは母親または母性的人間をあげている。筆者は母親ではなく養育者とするほうがよいと思っているのだが、この関係は基本的には変わらない。

だが、次の幼児前期と後期については、エリクソンがあげるのは、親的な人間と家族のそれである。このあたりで、日本のとくに都市地域に住む幼児の対人関係は、エリクソンの描くそれとは大きく異なってきた。先に公園デビューを取りあげた。近隣社会が欠落し、きょうだいもいないマンション住いでは、仲間を求めて小さな公園に集まるのは、やむをえない応急対策ではあるが、必ずしも成功とはいえないことも述べた。自立性のまだ育っていない幼児期には、その基礎に立つ対等な関係を学ぶのは早すぎるからだ。一事《いちじ》が万事《ばんじ》、今の子どもにはひどく急がされている面と反対に放置されている面とのアンバラスが目立つ。

自律性を育てる場としては、排泄のしつけが代表となるのはいうまでもない。このしつけには、失敗に対するしかりつけや体罰は禁物、辛抱強い繰り返しと励ましが第一であることはいうまでもない。こうして幼児は、恥や自信喪失の疑惑からはじめてまぬかれることができる。ところが便利な紙おむつの普及によって、排泄のしつけは置き去りにされかけている。小学校入学を迎える年になって、ようやく本腰を入れる親もめずらしくない。幸か不幸か、その他の自律へのしつけ、就寝起床の時刻を守る、食事を正しく摂るなどは、親の生活と合わせる都合もあって何とか守られているため、排泄のしつけの無視だけで大きな破綻にいたっていないのは、まだしも幸せというべきであろう。

排泄のしつけについては、もう一つ問題がある。とくに保育所に通う子どもの場合だ。自律のしつけの当事者は、その特徴からみてもすでに信頼の確立している養育者が望ましいことはいうまでもない。ところが、保育所の場合、日中の長時間を過ごすから、母親や家族では足りず保育者がしつけを担当しなければならない。親の態度によって排泄のしつけの進み方はまちまちだが、保育所ではそうした違いまで目配りはできない。画一的に時間決めのしつけをすることになる。家庭と園とのアンバランスが、かえってしつけを失敗させている例も少なくないが、まだよいほう。今ではほとんど一方的に保育所任せ、おしめは保育所で替えてもらえという親すらいる。こうなっては、ほとんど虐待一歩手前である。

自発性のしつけにも、とくに男の子には問題がある。すでに述べたように、今の男の子には成長目標の葛藤が強く、母親は積極性や自発性より従順とか協調性を望んでいる。幼稚園や保育所は、集団保育のルール順守と集団協調性を大切にしている。父親は不満だがなす術《すべ》を知らないといったところだろう。双方が相まって、男の子の積極性は衰えるばかりである。草食系男子ということばがはやるのも、このような社会的風潮の象徴かもしれない。しかし、正しいリーダーシップは依然としてどころか、過去の諸時代にもまして必要とされるのかもしれない。積極性と自発性をどう育てるべきか、今後の就学前保育（教育）の大きな課題になることを心得ておく必要がある。

以上のように、発達課題の達成には、さまざまな困難を乗り越えていかなければならない。「気になる子」とは、乳幼児期の発達課題の解決に失敗あるいは達成不完全な子どもをいう。先のＡｙでは信頼の獲得は不十分であり、さらに自律と自発を合わせて自立性と呼ぶなら、その自立性は協調性を欠いたままに急がされたゆがんだものといえよう。これに対し、Ｓｙの場合は、もっとも基本的な信頼の獲得に失敗し、その後の精神的発達がなかば凍結されたきわめてやっかいなケースだったと考えられる。

▼養育不全の広がり

「気になる子」の三番目の規定は、その養育環境をみるものだ。第一、第二の規定でよくわかるように、気になる子では子どもの素質や生理的損傷などよりも、養育者——子ども関係に問題の根が潜んでいる。問題とはいったい何だろうか。

養育の放棄は、序章にみたように、ときに驚くほどの遅滞をもたらす。こうなっては、誰の目にも問題の所在ははっきりする。しかし、すぐ察しがつくように、身体的虐待や性的虐待に比べると、養育放棄はもっともみえにくい虐待であり、防止が難しいといわれている。いい換えると、養育放棄にはさまざまな程度の違いがあり、一見して明らかなものから普通の養育と紛らわしいものにいたるまで、多くの変種があるということになる。

もう一つ注意しなければならないのは、養育放棄は、身体・性的虐待が意図的・積極的虐待であるのに対して、必ずしも悪意によって行われるわけではなく、単に子育てへの無知や誤解にもとづくことも多い。その意味では消極的な虐待といえる。相談相手もなく、はじめての育児に疲れ果てた若い母親が、乳幼児をテレビ任せで放っておくなどは、養育放棄への典型的入口である。

極端かつ明白な場合を除き、養育放棄の大部分は、むしろ欠陥に気づかない不完全養育という意味で養育不全と呼ぶのがふさわしいようにみえる。そして、養育不全の多くは、自他ともにそれに無知であるために、さらに気づかれにくくなっているといえる。「気になる子」とは、また養育不全の産物なのだ。

以上が正しければ「気になる子」とは、現下の子育て困難状況を具体的に表現する事例ということになる。子どもの発達上の問題とともに、社会的な病理をも示しているのだ。先ごろ、日本の虐待はついに6万件に迫る数字に達したという新聞報道があった。虐待先進国の仲間入りも近い。その予備軍ともいうべき「気になる子」の究明が急がれるのだが、たとえばその発生率はどのくらいだろうか。アメリカの場合、虐待の比率は児童数の約2%という数字がある。日本の場合、筆者の大まかな推計では、もう0.5%は超えているのではないだろうか。するとその予備軍「気になる子」の比率はどのくらいかが、それこそ気になってくる。

筆者の規定は試案にすぎず、またそれを確かめる場も狭い。地域や階層によっても大きく変わるだろう。確かな数字を求めるべくもないが、勝手な推計では10%前後という憂うべき事態に達している。養育不全への対応はもう火急《かきゅう》であり、就学前保育や教育の大きな問題だといっておきたい。

9章 幼児教育を考える

発達課題・発達環境と高校までの教育体系

▼教員資格認定講習の困惑

筆者は2007年~2011年の5年間ほど、ある教育大学院大学に奉職した関係で、この大学が主催する教員資格認定講習の講師を務めてきた。担当は、教育の最新事情のなかの「子どもの変化に関する理解」という科目である。ある年の聴講者300人ほどの70%以上は、中学校・高校の教員だった。しかも、もっともふさわしいテーマを「最新の教育動向」「最新の教育方法」「教科指導法」「保護者への対応」などの18項目のなかから選択する事前調査では、「子どもの変化に関する理解」が第1位を占め、その比率も60%に達していた。中高の教員が、新しく大きな戸惑いに直面している現実が浮かびあがるとともに、日本の教育自体が、曲がり角に差しかかっているという印象を改めて感じる。

問題は、なぜこのテーマを希望するかという理由にある。事前の要望アンケートにあらわれた主として現在の中高の教育事情によって、それをみてみよう。容易に想像できるように、第一は発達障害児の急増であり、およそ5分の1がこれを訴えている。

発達障害と思われる入学者が近年増えてきている。／LDやADHD、別室登校や低学力など、多様な支援が必要な生徒が多く在籍する。／高機能発達障害の生徒の増加により、学校全体としての対応が求められている。／教科指導のかたわら、教育相談という部署で、保健室・カウンセリンググルームと一般教員の橋渡しをして、発達障害と思われる生徒と教員やクラスメイトとのトラブルを未然に防ぐための知識を必要としている。／特別支援学校のセンター的機能と小学校・中学校の特別支援教育の視点を生かした校内支援体制の構築が急務である……。

しかし、多分これからますますやっかいな問題になっていくと予想されるのは、障害とも呼べないが、さりとて放置しておけるわけでもないグレイゾーンの不気味な広がりである。この様相は、就学前の場合と酷似していることに、とりわけ注意しなければならない。訴えの数も、発達障害に優る勢いを占めている。

ＡＤＨＤとか、高機能自閉症とか診断されている生徒はもちろんだが、そのように診断されていない生徒でもコミュニケーション能力に欠ける生徒が多くなっている。／人の話が聞けない、落ち着きがない。／落ち着きのない生徒への対応に悩む。／私の勤務する中学校での一番の課題は、子どもたちの人間関係づくり。／ささいなことで「陰口」「いたずら」「いじめ」へと発展してしまうケースがよくみられる。／集団行動になじめない子どもが増え、担任一人では難しい場面が日常的に起きている。／個別に支援しなければ集団での学習ができない子どもが多く、年々強くなっている。／英語を指導しているが、以前と比べて生徒たちの精神的な成熟度が大きく異なる……。

こうした社会的未成熟は、ただ仲間関係や集団への不適応を招くだけでなく、今までは別の問題とみなされてきた学力にも深刻な悪影響をおよぼしている。その様相は次にあらわれている。

小1の担任をしていますが、いわゆる小1プロブレムがとても気になっています。／学力低下と精神年齢の低さを毎年のように感じている。／やらなければならない課題に対して「めんどうくさい」「やりたくない」「やっても意味がない」といって、真剣に取り組もうとする姿勢が見受けられません。／無気力だったり、自信のない子どもが増えている。／英語を中高生に教えているが、ここ数年、日本語を正しく使えないことが英語習得の妨げになっている。政治や経済、科学的なことへの興味の低下により、それについての英文の単語はわかっても、文の意味がつかめないという由々《ゆゆ》しき事態になっている……。

これに関連して、家庭との連携の必要が試みられ、結果として保護者の無理解といき過ぎた子ども中心主義、モンスターペアレントに悩み、はては「カウンセリング技術を学びたい」という悲鳴に似た訴えが聞かれる。さらには、自校の運営体制、学力格差の広がりを嘆《なげ》き、もっと子どもと向き合いたいのに、この10年あまり事務仕事は増える一方で時間が取れない、しかし、教育委員会は進学対策中心の教育活動を求めるだけなど、小中高教育の難局は語りつくせないという印象を受ける。ただし、これ以上はもう本書の範囲を超える。

では、なぜ小中高の教育事情を長々と述べてきたのか。それは今の時代、就学前の保育や教育が、それ以降の教育ととりわけ大きな関連をもつようになったことを、保育者にも小中高の教育者にも改めて認識し、真剣に考えてもらいたいからにほかならない。

▼虐待の後遺症

すでに述べたように、子育て環境は1990年代後半から急速に劣化を重ねてきた。児童虐待の急増は、それを象徴している。この時期以降に生まれた子どもたちが、今、中高への進学期を迎えていることを考えると、右の様相は納得がいくものになる。

幼児虐待は、幼児期の一過性のことがらと考えられがちだ。序章で、ホスピタリズムと呼ばれた症状は、幸い早期の死亡や発達遅滞をまぬがれても、青年期にいたって重い非行（盗犯）といったやっかいな特徴があらわれることを述べた。これは虐待後遺症状の一例といえるが、多様な虐待事例が追求されるようになって、後遺症状にも多様なものがあることが知られてきた。

もっとも残酷な虐待の場合に起きやすいのは、流行語にもなったPTSDである。これは心的外傷後ストレス障害と呼ばれる症候群を指す。名前から察せられるように、かなり特異の症状に属し、ひどい場合は適切な診療を受けることになる。本書の必要範囲を超えるが、幼少児をみていて感じるのは、何度しかられても同じ失敗や危険を繰り返す例である。過酷な叱責の場をみずから演出しているという印象すら受ける。ＰＴＳＤでは、ショック状況が悪夢などとなって強迫的に再現される（侵入症状）。上記が侵入症状に似ているとしたら、小中学生の段階でも要注意を心がけねばならない。

より一般的な後遺症状には、さまざまなものがあげられているが、次のように整理するのがわかりやすい。身体的・性的虐待のように意図的・積極的な虐待と養育放棄のように必ずしも意図的とはいえない消極的なものとを二つに大別した場合、前者と後者では、とくに自我発達において異質な経過をたどると考えられる。

積極的虐待では、子どもは常に育てる価値のない存在としてひどい扱いを受け続ける。自我の成長に当たって大きなゆがみは避けられない。とくに問題なのは、強く抑圧された攻撃性にある。幼いうちは、むごい仕打ちに反抗も逃避もできない。結果として、抑えられた反抗心はマグマのように心の底に溜まり続けるだろう。このマグマは、中学生くらいの青年前期になりようやく多少の力を身につけると、何かの機会に表に噴出してくる。子どもの個性によって噴出のあり方は二様に分かれるが、常に自己否定の影を帯びていることに注意しなければならない。

第一は、攻撃性が内攻して自己を苦しめる方向に向かうものだ。無力感からのうつ状態、不登校や引きこもり、リストカットを繰り返すなどの自傷行為、ときに発展して自殺企図にいたることもある。薬物依存や拒食症などの神経症的症状を発現することもある。

第二の場合は、攻撃性は逆に外に向かって噴出し、反社会的行動を導く。暴力行為・粗暴型非行・犯罪などが結果し、まわりを困らせる。

これに対し、養育放棄に代表される消極的虐待では、自我の成長に空白が生じ社会的未成熟が目立ってくる。浅い人間関係、その場逃れのていねいさや愛嬌、依存と反抗の共在の矛盾、無責任、逃避、嘘、怠け癖、盗癖など、見かけと実質の食い違いは理解困難の印象を与える。

これらはすぐ目につく特徴だから、発達障害児などと同様、重篤とはいえ、まだしも対応の途《みち》はある。しかし、養育不全の場合には、これらはもっと薄められ、理解に苦しむあいまいな形であらわれてくる。中高の段階で新しく対応に悩まされているのは、こちらではないだろうか。

「気になる子」が流行語になったというのは、就学前保育・教育の世界でこの兆候がいち早く気づかれていたことを物語る。しかし、その正体についての追及は行われなかった。治療より予防の原則に立てば、気になる特性の解明が行われていれば、中高教育の右のような惨状は起きずにすんでいたのかもしれない。結果論だが、現実に行われた対応は学校カウンセラーを中高に配置するというあと追い政策だった。

今からでも遅くはない。というよりは、日本の教育体系全体のひび割れだけは何としてでも食い止めねばならない。そのためには、就学前の保育と教育とを全体のなかに正しく位置づけることが、まず第一歩となろう。

▼教育を考える

以上の様相は、今までの日本の教育では員数外《いんずうがい》の扱いをされていた就学前の保育や教育が、その後も暗黙のしかし長い影響を残し、プラス・マイナス両様の意味で、それ以後の教育課程では対処しにくい結果をあらわすことを示しているようだ。ここで日本語の「教育」ということばについて、少し考えてみるのも無駄ではあるまい。

一つの理由は、教育を使うと知らず知らず考え方が、ある特定の方向に誘導されることである。本書でも、就学前のと書いてきて、次に「保育」とするか、「教育」とするか迷うことが多かった。すでに述べたように、「教育」は幼稚園、「保育」は保育所という分断が、いき渡っているからである。

それだけなら、まだ何とかなるだろう。しかし、日本人はことさら教育好きであり、このことばは自然と独特なニュアンスを帯びることを避けがたい。

第一に、教育は人間だけに許された高度な営みというニュアンスがある。古いオクスフォードの辞書には、教育に当たる〝education〟の語義としてイヌの訓練などの意味が平然と載せられていたが、日本語ではそうした意味は考えられない。そこからは当然教育に対する高い価値づけ――教育信仰が生まれることになる。ことあるごとに保守政治家が教育改革を唱えるのは、それをよく示している。よい学校に入れば、もう前途は安心という信念も根強い。こうして学校に万事お任せということになる。モンスターペアレントと呼ばれる人々は、実はこうした教育信仰の裏返しであり、学校は万能のはずなのに裏切られたという正反対の不信を表明しているのだろう。

ここから、教育は保育より一段上という何とはなしの序列化が生まれる。就学前の世界では、差別と相互排斥の源になりかねないのは困りものといってよい。

第二に、教育は当然意図的・計画的な営みとみなされ、学校が教育のほとんどを担うと考えられている。現在は、学習塾の教育がかつてないほど隆盛をきわめているが、それらもすべて学校をモデルにした方式を採用している。つまり、よく定式化された教室、黒板と席の配置、グラウンド、先生、一斉授業という教授法、カリキュラム、教科書や教具、時間割とチャイムの運営方式などのワンセットが典型的な教育の営みとされているのだ。

だから、教育ということばを使いだすと、知らず知らずこのような形式や方法を取ることになる。就学前でも、着席、名前を呼ばれると返事、一斉行動、教具のようなものが何となく必要と考えられることになる。反面、意図しない影響、偶然的な効果、一人ひとりの子どもの好み、自然発生的な集団活動などは、教育のなかには入らないと見なされがちである。

第三に、日本人の教育好きは、ときに度を越して広がり、地域教育などという窮屈な言葉まで登場した。教化的影響をおよぼす場なら何でも教育と呼びたがり、そう呼べば自然と学校的教授方式を連想することになる。家庭教育といっても、基本的生活習慣の習得のような親の意図的なしつけだけを指すことが多い。誰でも親は背中で教えるなどとはいうが、それは何を意味するかは真剣に検討されてこなかった。勢い、学校環境の場合と同様、親の意図しない影響、模倣、偶然の学習、内発的意欲などは、ほとんど問題にされていない。

第四に、日本の伝統である努力主義によって、学ぶことは困難の克服というイメージが強い。かつては、苦学力行《くがくりっこう》などということばがはやった。私たちは今も「勉強」ということばを慣用しているが、元来の中国語ではこれは「強制」が本義だという。勉学というふさわしいことばがあるのに、どうしてわざわざ誤解の多い勉強を選んだのか。勢い、遊びは楽しい、勉強はつらいという二分化ができあがった。家でも学校でも、「勉強、勉強」を繰り返されるのでは、かえって勉学への本当の意欲は消え去ってしまうのではないか。これは私たちの勉学観を考えるうえで、きわめて重大なことであるように思われる。

第五は、知識や知的技能の習得が主要課題とされること、いい換えると教育＝知的教育ということになる。もちろん、体育、美術、音楽など、学校にはいろいろな科目があるという反論はあろう。しかし、進学と偏差値競争が学校教育の主題であることはあらそえず、主要5教科などのいい方にみられるように、ほかの科目はいわばつけたりとみられている。もう一つ、たとえばスポーツにしろ美術にしろ、学校教育に大した成果はなく、ほかの場のほうがはるかに大切という事情もはたらいているだろう。しかし、結果論にしろ、教育といえば知的なものを指すという暗黙の合意があり、それはまた就学前保育・教育界の反発を招いていることは忘れてならないだろう。

▼発達と教育

以上のように、知的教育、学校、勉強が三位一体になっているのが、日本の教育観の特徴であろう。こういう意味で「教育」を使うと、知らないうちにこの独特な教育観の水路に入り込み、どこまでも流されるほか道がなくなる。前述したように、幼稚園は教育だといわれると、着席・点呼・集団行動を手始めに、はてはワークブックを使って小学校の準備教育が行われることになるのは、一例だ。小学校以上がこうした教育法を順守している以上は、保護者の不安を考えるとやむをえないとはいえるが、はたしてこれが最善の途《みち》なのだろうか。保育と教育の二分化の現状を考えるとき、「教育」の再検討は決して迂遠《うえん》なことではないと思い知らねばならない。

筆者は、このような教育観の呪縛から解き放たれるために、教育の代わりに「発達」を使うことを提唱したい。家庭教育といえばとたんに親の説教を思い浮かべるようでは、肝心なことを見失う。そうではなく、子どもは、養育者、家族、知人、仲間、地域社会などのさまざまな発達環境からそれぞれどのような影響を受け取りそれらを統合して、どんな成長を遂げるのか。それが本当の主題でなければならない。

考えれば当たりまえすぎることだが、学校、幼稚園、保育所などは子どものもっとも重要な発達環境を成しているが、すべてではない。学校教育万能信仰のもと、この当たりまえは長く見逃されてきた。

保育所保育への信仰は、さすがにそう高くはないので、保育士ばかりが排泄のしつけに躍起になっても、親は一向に平気という風景はめずらしくもない。しかし、幼稚園ともなるとどうだろうか。あの幼稚園に通わせないと着席のしつけができないという噂が、もっぱら人気に響く。小学校以上になれば、なおさらである。ある種のモンスターペアレントは、いき過ぎた学校信仰への反動として生まれるのかもしれない。

こう考えてくると、日本の教育も急峻な曲がり角に差しかかっていると思うべきであろう。就学前の世界も、学校信仰がいつまでも続くと思ってはならない。小学校の要請をただ受け入れるのではなく、小1プロブレムや学級崩壊などについて曲がり角に対応できる知恵を供給する役割を担わなければならない。こうしてはじめて、教育システムのなかでの幼児教育のかみ合いの悪さが解決されていく。就学前の教育・保育も、全体教育システムの一環をなすことの自覚がほしい。

▼発達環境とは何か

発達環境と一言にかいたが、環境ということばを使うと普通にはすぐ物質的なものを連想しがちである。環境教育とか地球環境などというときは、その好例である。子どもの場合も、当然衣食住という物質的な環境条件が大切であり、貧困は重大な阻害条件になることはいうまでもない。しかし、乳幼児にあっては、すでに繰り返したようにモノよりはヒト環境のほうがより重要である。まずこの原則を確認し、そのうえで発達環境とは何かを考えていこう。[†]

ブロンフェンブレナー（Bronfenbrenner, U. 1917 - 2005）の『人間発達の生態学』（川島書店）は、発達環境を子どもの発達段階に相応する適切な発達環境が順次出現し、それらは入れ子細工のように先行する環境条件を次々と包み込んでいく統一的なシステムとして捉えようとする試みであり、示唆に富む。いい換えれば、子どもはその発達段階に応じてふさわしいヒト環境から適切な影響を受け取り、成長していくとする。

繰り返しになるが、この説は物質的な環境条件を無視するということではない。モノ環境は、ヒトに媒介されてはじめて子どもの環境になる。寒がりの母親は少しばかりの寒気にも子どもに厚着をさせるが、暑がりの母親はちょうどよい気候になったと昨日の服装で気にもとめない。このような例は、日常つきものであることを考えてみればすぐに理解できよう。

ブロンフェンブレナーのいう最初の発達環境は、マイクロシステムと呼ばれる。これは、子どもがもっとも容易に他者と向き合い、互いにはたらきかけができる場をいう。具体的には、家庭、幼稚園・保育所、遊び場などを指し、二人の対面関係が基本になっている。

二番目は、メゾシステムである。このシステムは、子どもが複数のマイクロシステムに身を置くことによってつくられる、より複雑な相互関係の場をいう。その意味では、システムのシステムといってよい。

---

† モノ－ヒト環境問題については、本書のなかでもすでにふれたのでここでは繰り返さない。さらに興味があれば、藤永保『発達環境学へのいざない』（新曜社）をみていただきたい。

抽象的ないい方ではわかりにくいが、ある家族の子どもと幼稚園児といういわば二重身分を得ることによって、子どもの対人関係の型やつき合い方は格段に複雑になるのは、少し考えてみればよくわかる。家庭では許されたことが、幼稚園では許されない。園の仲間と遊ぶのと家でいとこと遊ぶのでは、万事が違う。家族の知人には、ふだんはしない「ごあいさつ」が要求されるなど、すべてが当然変わってくる。

メゾシステムに身を置けば、子どもに求められる社会的課題は、右のように格段に複雑になる。あいさつを要求されるのはどんな場合かなど、社会的状況の違いや二重関係を学ばねばならない。親が保育所を信頼して子どもを任せていれば、その安心感はすぐに伝わり、子どもの保育者への信頼性も高まる。嫌なことでも素直に聞き入れ、園のルールによく従う。しかし、反対の場合はどうか。親の不信感は、たとえば登園の際の不要な緊張感として伝わり、子どもは嫌がって泣いたり、反対に攻撃的になって理由のないかみつきを乱発するようにもなる。メゾシステムは、社会化を促すとともに、大きなストレスをも負わせかねないことを、まわりの大人はよくよく心得ておきたい。

第三は、エクソシステムである。これは外回りのシステムといった程度の意味だが、具体的には、たとえば、きょうだいが同じ保育所を卒園したとか、両親の職場は何かとか、はては親の社会的地位は高いのかなど、子どもが直接身を置いているわけではないが、その評価に暗黙の影響をおよぼす人間関係の場を指す。

第四は、マクロシステムである。字義通り、社会・政治・経済・文化などの総合された大きなシステムを指す。幼児の場合は、テレビやアニメから影響は受けるにしても、大人に比べれば直接的にはさほどのものはない。しかし、しつけのところですでに述べたように、次のクロノシステムと組み合わさってつくられる社会・文化的規範は、子どもの発達に目にみえぬ大きな影響を与えていることは忘れてならない。

次は、クロノシステムと名づけられる第五のシステムであり、あとに補足された。字義通り、時代環境とでもいうべきものを指す。アメリカにおけるしつけ方針の変化のところで触れたように、この影響はとくに急激な変化の時代には、格段に大きくなることに注意しておかねばならない。

ブロンフェンブレナーの発想は、エクソシステムやクロノシステムなど従来ほとんど意識されなかった環境条件に改めて注意を促した。日本その他儒教文化圏の諸国では、血縁集団の比重はきわめて重いから、家族や親類・縁者はマイクロシステムのなかで特異な地位を占めると思われる。適用にあたっての配慮が必要だが、この考えには大きな意味がある。

▼幼児期の発達課題と発達目標

発達環境は、幼児の発達を具体化するために、システムを経るごとにさまざまな課題を与えることを述べた。すると、エリクソンのいう発達課題との関連が問題になってくる。

エリクソンについては、最初期の基本的信頼感の獲得が、その後の発達の鍵を握ることを繰り返し述べてきた。その次には自律性の獲得があり、さらに自発性（積極性）の獲得へと続く。就学前期の発達課題は、おおむねここで終わる（自律性と自発性との双方を合わせて、簡明に自立性といい換える人もある）。

このうち、基本的信頼感の獲得は、おそらく進化の過程で人間性に根深く埋め込まれたものであり、時代や文化の変遷によっても容易に変わらないと思われる。これに続く自立性の獲得も大筋は揺らがないのだろうが、細部にわたれば時代の変化はまぬがれない。エリクソンの説では、これら初期の三つの課題は、主としてマイクロシステムの典型である家族のなかで獲得されると想定されている。彼がこの構想を得た時代・文化のなかでは、マイクロシステムは安定し、そこからメゾシステムへといった推移も単純で堅固な伝統的経路によっていたのであろう。子どもの発達は、今よりはるかに定型的な過程をたどっていたと思われる。

しかし、現在ではどうか。保育所入所ともなれば、早ければ0歳から1歳代で、マイクロシステムに浸りながらもメゾシステムにも半歩くらいは足を踏み入れることになる。こうした変化にともなって、発達環境が要求する課題もはるかに複雑で重層的なものにならざるを得ない。たとえば、集団保育の世界では、1歳代ですでに仲間と仲よくなどの協調性が求められるが、これは本来は自立性の達成と同調して求められるはずのものである。こうして発達の過程にも、凹凸《でこぼこ》に富んだ重層的経路が課せられている。エリクソンの時代と現代とを隔てる社会・文化・時代環境の変遷の速さとその圧力の大きさとが身にしみよう。

就学前の発達の主要目標も、自立性よりも、もう少し高次で複雑な社会性の達成が求められている。小1プロブレムや学級崩壊などの現代学校教育の諸問題は、社会性獲得を達成しえた子どもとそうでない子どもとの間の不均衡によるところが大きいのかもしれない。こう考えると、就学前の発達課題を見直し、新しい目標を改めて設定する必要がある。

▼向社会性に向けて

ここまで、簡単に社会性を育てるとか、社会的未成熟の防止とか書いてきたのだが、社会性とは人間性とほぼ同義語と唱える論者も数多い。そういう高次のことばをすぐに幼児に適用してよいのか、という疑問が生まれるだろう。就学前期の発達課題の新しい目標設定に当たっては、幼児の社会性の内容をもう少し具体化するとともに、それをあらわす命名が必要であろう。

筆者は、それを「向社会性」と呼んでおきたい。向社会性とは、成熟した社会性に向かう幼児期の過渡的段階を指し、具体的には自立性と協調性という二つの幼児期発達課題のバランスのとれた達成状態を意味する。

協調性と書くと、私たちは反射的に「和をもって尊しとなす」という根深い伝統を思いだす。この伝統はまた、「異を立てず」とか「長いものには巻かれろ」という別の伝統と結びつき、結局政治家と官僚へのお任せ主義を産んできた。幼保界も例外ではないことは、すでに触れた。そのような伝統とは無縁の考え方と第一に断っておく。ここでいう協調性とは、相互に対等な人間同士の間の視点の協応と相互理解を本旨とすることを、明確にしておきたい。

つけ加えれば、近年の文化心理学では大規模調査の結果をもとにして、世界の文化を集団主義と個人主義に二分する研究が盛行している。日本・中国・韓国など、東アジア圏の諸国は、集団主義の側に分類されている。日米は民主的価値観を共有するなどと政治家たちは気楽に断言するが、普通の人々は必ずしもそうばかりとはみていないようだ。さらに付言《ふげん》すれば、中国の知日派知識人は、中国人の個人主義に対して日本人は集団主義だという。個人主義・集団主義の分類も視点や次元のとり方によって変わりうるが、日本人はいずれの分類でも集団主義に入れられていることは省みてよいことだろう。

第二に、自立性と協調性のバランスと書いたのは、文化によって両者の比重は変わりうることを意味させたかった。集団主義の伝統も当然正負の両面を含む。今のところはマイナス面だけですぎているが、たらいと一緒に赤ちゃんまで流してしまうのでは何にもならない。東日本大震災に際して、東北の地域社会は、世界を感嘆させた自己犠牲と助け合いの精神を示した。よき伝統の継承を願うなら、日本の場合のバランスは、協調の面に相対的に偏ると考えておくべきだろう。日米比較発達の研究によると、自立ということばからアメリカの母親は自己主張といった特徴をまず連想するのに対して、日本の母親は友だちとの協調を連想するというのは、一例である。

第三に、自立性の獲得については、ここまで事例の検討を通じて間接的な説明は行ってきたが、協調性についてはあまり触れなかった。自立性は、基本的信頼の獲得に始まり、養育者の指導と強制を的確に受け入れることによって、次第につくられていく。協調性については、次に述べる。

第四に、しかし、社会性とか協調性というと、今までの幼児教育界正統派にあっては、感情によって成り立つ幼児期独自なものと考えられてきた。これは、伝来の情操教育論が含む最大の問題点であろう。前述したように、子どもの心は感情だけで満たされ、それが童心だとみなすところから、知性は幼児期には存在せず、知的教育は無益有害という考えが生まれ、今もひそかに根を張っている。幼児の知性を真剣に突き詰めようとする姿勢が欠けているため、教育といわれると、すぐ小学校のまねごとになってしまう。社会性や協調性も、せいぜい仲間とよろこびあうか、ルールに従うことで終わる。

もちろん、日常の何でもないような行為やしつけを軽視してはならない。ここでいいたいのは、子どももそれなりの知性は備えているのだから、たとえば納得といった知的理解をよそに置いては本当の意味での「従う」動機は生まれないことだ。子どもはさまざまなはたらきを総動員し、そこから得られる産物を織り成すことによって、はじめて社会性の完成へと向かう。知性を抜きにしては、真の社会性を論じることはできない。

▼協調性の獲得とその意義

協調性はどこから始まるのだろうか。カナーは、自閉症児について、生まれたときから母親が抱きあげようとしても硬く身構えて普通児のように体を柔軟に保って抱き取られる姿勢がないと述べている。養育者への協調性はおそらく生まれつきのものであり、基本的信頼の根にもなっているのだろう。

しかし、この素朴な協調性にも、９か月から12か月のころ共同注意という劇的な変化が起こると、優れた進化心理学者のトマセロ（Tomasello, M. 1950－）は指摘する。彼は、これを９か月革命と名づけた。

ことばは難しいが、共同注意の典型的な形は指さしである。子どもは９か月以前でも単純な指さしはするが、この時期の特有の変化とは、ただ物を指すのではなく、母親の顔と対象物とを交互にみながらの指さしが始まることにある。それまで指さしの場にあるのは、子どもと対象との二つのみだった（二項関係）。それが、子ども自身・養育者・対象の三者一体（三項関係）へと変わる。

詳しくいうと、三項関係の指さしにも二つの種類がある。一つは対象となる物を取ってほしいという要求の表現の場合であり、その起源はすぐにわかる。しかし、はじめてみる何かにひき込まれて「アッ」というような声をあげながらの指さしという第二の場合は、明らかに前者の実用的指さしとは異なる。この指さしは、知的好奇心の芽生えとそれが一種の感動を呼ぶことを示し、さらに重大なのはこの感動を養育者と共有したいという欲求の出現を物語っていることだろう。共同注意の名の通り、これを協調性の第一歩としてよい。

トマセロによると、９か月革命の時期に、たとえば模倣というはたらきも始まるのだという。

指さしや模倣は、すると乳児のなかにすら知的好奇心や感動があり、大人のやることを取り入れたいという要求があることを示唆する。何より大切なのは、養育者と自分の心は同じではないから、その共有のためには、特別のはたらきかけが必要なことをすでに知っているということだ。三項関係とは、心を共有するための場なのである。

子どもは1歳半ごろを過ぎ、ことばのはたらきがかなり備わってくると嘘をつき始める。嘘には泥棒の始まりといった悪いイメージがあり、親や保育者から極端に嫌われる。しかし、嘘が本当に悪いのは、架空の事態をつくりだして、一方的に自己の利得を図ろうとする極端な利己中心性にあるのだろう。初期の嘘は、禁じられているお菓子を食べていることがみつかって「ママがいいっていったよ」というように、とっさの自己防衛にもとづくものであり、深くとがめだてするには当たらない。むしろ、知的はたらきのいっそう確かな芽生えであり、他者の心と自分のそれとは同じでないことを知っているだけではなく、自分の姿がどう映っているかをも知っているといえるだろう。その姿を親や保育者の望む姿と合致させようとする動機を育てられれば、より高次の協調性が生まれるのはいうまでもない。

こうして次第に発達する協調性は、4~5歳のころの「心の理論」の獲得によって幼児期の頂点を迎える。心の理論とは、他者が自分とは違う独自の考えや要求をもち、それに従って行動するという一般原則の理解を指す（幼児に理論は大げさという感じはあるかもしれない。「心についての考え」くらいがいいところだが、この名はあまりにも広まっているので、このまま使う）。

心の理論については、いろいろな実験が行われている。わかりやすい一例は「誤った信念課題」と呼ばれるものだ。たとえば、3歳児は鉛筆の箱にクッキーが入っているのをみせられるとびっくりし、友だちのAちゃんは、この箱をみて何が入っていると考えるだろうかという質問に対し、「クッキー」と答える。これは、自分のみている現実がすべてだと思い込み、ほかの人の考えは自分と違い、外見通りの内容が入っていると考えるのが正当という原則が理解できていないことを示す。

しかし、4～5歳にもなれば、そうした答えはなくなる。興味深いのは、自閉症児はこの問題を容易に理解できず、なかにはいつまでたっても正答できない例もあることだ。これに対し、ダウン症児は同じ知能年齢に達すれば、正答できる。ここからみると、心の理論は生まれつきの、しかもかなり独自な能力である可能性が高い。チンパンジーなどの類人猿も、ある程度の心の理論はもっているようだが、誤った信念課題にみられる水準には、とても到達できそうにはない。

心の理論が皆に備わらない限り、高い協調性が生まれないことは明らかである。すると、この能力は人間にだけ与えられた貴重なものといえるだろう。幼児期といえども、協調性を育てることは重要な課題であり、そうあってこそ向社会性は、より高次の段階に向かうのだ。

▼いじめと権威主義

協調性の発達を考えるとき、今、深刻な問題となりつつあるいじめが視野に入ってくる。これは、主として小中でのことがらで、幼児には関係ないとすませていられるのだろうか。いじめにかかわる生徒たちは、向社会性の獲得にどこか欠けていたためではないか、それは幼児期の発達環境とどんなかかわりがあるか、などの疑問に悩ませられる。

今のいじめ問題をみていると、焦点は損傷の大きい被害者側に向けられ、加害者の側はほとんど取りあげられていない。しかし、強奪同様に金品を取りあげ、損傷を与える暴力を振るい、仲間のまえで嘲弄《ちょうろう》の限りを尽くすなど、普通は考えられないような残虐さが報道されている。これらの生徒たちを、まだ年若いからとか、教育的配慮によりとか、弁護するだけですむのだろうか。

学会報告でこんな話をきいた。しばらく前、東京のある地区でかなり悪質ないじめ事件が起こり、被害者は自殺し、加害者は皆、墓前で心から悔悟《かいご》したという結末が報道された。その加害者の一人がすでに大学に進学していたのだが、講義についてのいわゆる学生評価をその大学が取り入れたとき、自分の嫌う教員の評価を最低にするよう受講者を煽動《せんどう》したという。この学生について、中学校でのいじめの手口が、ますます巧妙になった、悔悟の姿勢は見せかけだけ、はたしていじめの解決になっていたのか、という深刻な疑問が、ここには提示されている。

それを聞いたとき、アドルノ（Adorno, T. W. 1903 - 1969）が『権威主義的人格』のなかで「普通の市民のなかにひそむ反民主主義的傾向」と書いていたのを思いだした。この例は、まさしくその典型だからだ。

権威主義的人格の研究は、世界がまだナチズムなど、全体主義の脅威から覚めない１９５０年～１９６０年代にかけての心理学の焦点課題の一つだった。アドルノらは、権威主義的人格を次のような特質をもつ人と判定している。

因習的な習慣・道徳・権威などに無批判に服従する一方、人間性に不信を抱き、その内面性や反省能力を軽視する。目にみえる権力や価値を好み、世界を常に強者と弱者、支配と服従とに二分化し、自分を強者の側に置こうとする。己の弱点・悪徳・攻撃性などを外部の他者になすりつけ、非道徳な他者を権威の力を借りて排斥し処罰しようとする、そうした特徴の持ち主を指す。

こういう特性は、いわゆる知能とは関係がない。いじめをする生徒は、もしかすると成績良好で学校での評価は高いほうかもしれない。権威主義的人格は権威や出世主義に従うから、学校のルールに対しても従順であり、そういう意味でも問題ないとされているのだろう。よい大学に進む人も多いだろう。平和な時代には、アドルノらのいうように、格別目立つこともないのだろう。しかし、全体主義の興隆期のような、権威や権力がことさら求められる激変の時代になると、突然のように前面に躍りだす。全体主義の時代は終わったからもう関係ないというのは、間違いだ。1960年代に、アメリカのミシシッピー州で公民権運動家三人が行方不明になり、八方捜索の末、死体になって発見されるという事件が起こった。この殺害事件を指揮したのは、何と土地の保安官だった。人種差別と権威主義を伝統とする地域にあっては、差別撤廃を唱える公民権運動家は、一方的に悪とされ、人々は長い間その規範に従ってきたので、皆が皆、事件について口をつぐんでいた。発見が難航をきわめた理由である。権威主義的人格は、権威主義的風土のもとに力を増して表にでてくるという好例であり、全体主義は去ったなどと安心してはならない例でもある。いじめ事件は、ただ学校だけの問題ではない。

残酷ないじめグループでは、幼いなりにこうした権威主義的な特性をもった生徒がリーダーになっていると思われる。似たような子どもが集まり、一種の権威主義的な秩序が生まれる。かわいそうだが、いじめられるほうも、どこかこの雰囲気に魅力を感じ、離れることができないのだろう。強弱の秩序の絶対性を証明するかのように、いじめが行われる。

その意味では、早発性の権威主義は、強弱といった偏った視点からしか人間関係をみることができない。いわば、精神的な視野狭窄《きょうさく》に陥っている。協調性は、互いの心のあり方への理解を基礎としているから、相互性と対等性とをともなう。いじめ人間は、そうした関係には関心がなく被害者の心情を中途半端にしか理解できないことに、手ひどいいじめの主因が潜んでいる。そうみてくると、いじめ加害者は、みかけの順調さにもかかわらず、向社会性の獲得という幼児期の発達課題をうまく達成できなかった子どもということになる。

アドルノらは、権威主義的人格の成因として、親自身のもつ権威主義的な特性と、そこから生まれる親への服従や伝統的規範の順守などを強く求める偏った養育態度をあげている。報道などによると、いじめ加害者の親はわが子にひたすらよい学校への進学を求め、それ以外を許さないようなタイプが多いという。それが、権威主義を育て、ひいては向社会性の獲得を妨げるのだろう。すると、いじめも就学前の発達課題と無縁ではない。

▼再び発達環境について

しかし、いじめのすべてを個人の特性や、それらの間の人間関係だけに帰着させるのは誤りだろう。いじめは学校という複雑な場のなかで起こっているからだ。ここで再び、発達環境を考える必要がわかる。

いじめは、いわばマイクロシステムのなかの出来事だ。しかし、それは学級集団や学校というメゾシステムに取り囲まれている。たとえば、学級の仲間にもいじめ集団に無関心で、はじめからそっぽを向いている者もあれば、いじめをうすうす、またははっきり気づいている者もあるだろう。このうち、一番の問題は後者のいわば高みの見物をしているグループである。

1964年、キティ・ジェノベーゼというアメリカの若い女性が、深夜帰宅の途中、暴漢に襲われた。キティは、アパートメントの前庭で必死に助けを求めて30分以上も泣き叫んだ。アパートの住人の多くはこの声を聞き、なかには窓から事件の一切を注視していた人もあったという。ところが、このうち誰一人として助けようとしなかったばかりか、警察に通報した者もいなかった。

このあまりにも「冷淡な傍観者」の存在にショックを受けたアメリカの社会心理学者は、その理由を求めていろいろな実験的研究を行った。一つの理由は、傍観者効果とか、集団抑制とか呼ばれるもので、犯罪や災害などの危急《ききゅう》の事態に際して、そこにいる援助可能な第三者の数が多ければ多いほど、進んで乗りだそうとする人は少なくなる、という法則だった。これは、内省《ないせい》してみれば、誰しも思い当たることだろう。

といって、この法則だけでキティ事件のすべてが理解できるとは思えない。いじめ問題に帰れば、あわてて調査や謝罪をしたり、はては全校訓示をしたりすることが本当の対策といえるだろうか。そんなことより、この事件を題材にして、なぜ誰一人キティを救おうとしなかったのかを集団討議するなどの方法を工夫して、一人ひとりの生徒に深く考えさせることが、はるかに適切な教育になるのではなかろうか。

発達環境に帰れば、いじめはこのような高みの見物的なメゾシステムがあればこそ、表にでずにすんでいる。そこには、チクリこそ最悪という暗黙の規範もはたらいているのだろう。さらに、見逃せないのは、いじめを隠蔽して新聞に報道されるようなタイプの学校というメゾシステムでは、多分みてみぬふりをする気風がしみわたっていると推定されることだ。何か事件が表にでれば点数がさがる、有力保護者にはたてつかないほうがよい……。あらゆる機会にこうした規範が優先すれば、過酷ないじめもただの悪ふざけに転化しようとする機制が無意識にはたらくことになる。先に権威主義的人間は、権力支配的な風土のもとで、はじめて力を振るうことができると述べたのを思いだしてほしい。

さらにはまた、その背景として教育——学校を都合よく統制したいという権威主義・管理主義の教育行政というマクロシステムがはたらいていることも忘れてはならない。イギリスでは、行政・学校・保護者一体となってのコミュニティ活動がいじめ対策に有効だったという報告を読んだことがある。学校が思い通りにならないからと、強権を振るっていうことをきかせようという方策では、かえっていじめを助長するのではないかという危惧をぬぐい去ることができない。それよりは、就学前の発達目標をしっかり設定し、あとの教育課程と結びつけていくよう努力することのほうが、はるかに大切ではなかろうか。

10章 就学前の〝成育〟課程

保育と教育の統合を目指して

▼保育と教育に代えて成育

ここから就学前の保育または教育課程に入っていきたいのだが、たちまちどのことばを使うべきか迷ってしまった。繰り返したように、今や「保育」は保育所の、「教育」は幼稚園の専用語として使われようとしている。その背景には、厚生労働省と文部科学省との二重行政という縄張り争いがある。保育と教育とは、一種の政治用語と化した。加えて教育には、すでに指摘した日本語に特有なニュアンス、たとえば「知育」の陰が色濃くなる。

これらの意味で、幼保一元化を考える本書では、どちらも使いにくい。繰り返したように、施設の共用化とか、幼稚園教育要領と保育所保育指針を部分的に共通化するとかは、一体化ではあっても一元化ではない。せいぜい、そのためのワンステップというところだろう。真の一元化には、新しい『保育・教育＝指針・要領』が必要だ。いわば、保育といわれるものと教育と呼ばれるものとの一元化がなければならない。ここでは、そのために保育や教育はいったん括弧に入れて、代わりに「成育《せいいく》」という見慣れないことばを使うことにする。苦し紛れだが、早く保育でも教育でも気がねなく使えるような時代がくることを念じておこう。

保育と教育の一元化についても、大筋はすでに各所に述べたつもりである。子どもは、発達につれて順次各発達段階にふさわしい発達環境に置かれ、新しい発達課題に直面し、それぞれの段階にふさわしい人間関係のなかで課題解決を試み、次の段階に向かう態勢を整える。それぞれの段階で解決を要する発達課題として、最初期には、基本的信頼の獲得というほぼ普遍な課題がある。次いで、自律性や自発性などの獲得を経て、就学前の発達目標である向社会性の獲得——社会性発達の基礎構築にいたる。課題は順次複雑なものになっていくから、当然そこにはより高度の理解能力獲得という知的発達の過程があることも自明であろう。

この過程は、ちょうどロシア人形のマトリョーシカや箱根細工のような入れ子構造になっている。新しい段階はそれ以前の段階を消化した形で、みずからの内に取り込む。初期にさかのぼるほど、自然な保護というはたらきが強くなり、あとに行くほど、その成果に支えられた意図的に育てるはたらきに置き換わっていく。それがやがて、計画的な学校教育へとスムーズに進む路線に連なるのである。

この発達過程は、しかし、子どもを全体としてみたときのものだ。狭い意味での教育の問題に入っていくには、一般的準備状態のほかに、子どもの発達状態に応じて教育を受けるため、とくに必要な資質や予備能力を考えてみなければならない。

たとえば、なぜ6歳（7歳入学という国もある）が小学校進学の適期とされるのか。ひいてはそれ以前はなぜ早過ぎるのか。そうして最大の疑問は、就学前の年代は学校教育の適期でないとすれば、そこでの教育とは小学校以上と何がどのように異なるのだろうか。

これらの問題に対し、断片的にはいくつか答えがあった。

たとえば、小学校以上は知的教育だが幼稚園は情操教育、というのは日本の幼稚園界の正統派の見解だった。筆者はこの答えには、幼児は感情の塊とする偏った発達観を背景に含み賛成できないことは、すでに述べた。そのほかにも数えればきりもないが、多くは異質性という側面を強調するものであり、子どもの成長の連続性への考慮が欠落している点で適切とはいいがたい。また、上記の問題すべてを総合的に考え合わせた回答は皆無に近い。子育て危機の時代を迎えて、就学前教育には日本の教育体系全体を考える視点からの再検討が必要とされるからだ。

そのようにみてくると、やはり小学校教育のあり方とされている知的教育に焦点を当てて、知性とか知能といわれるものは一体何か、知的発達とは何かを見直してみなければ、納得のいく答えは得られないだろう。知能の問題はあとに述べることとして、次にピアジェの知的発達段階について考えてみたい。

▼就学前の知的発達

ピアジェは20世紀最大の発達心理学者であり、その発達学説は現代発達心理学における定説の地位を占めている。多くの実験的検証を経てよく考え抜かれた学説を要点だけに止めるのは残念だが、段階とその特徴だけ簡単に解説しよう。

ピアジェは、出生からおよそ2歳ごろまでを感覚運動期と呼んでいる。これは読んで字の通り、目でみ、耳できき、手でさわるなど、感覚器官を動員して外界の対象の性質を探り、知識を獲得していく段階を意味している。50年ほど前の育児書には、乳児は目もみえず耳もきこえない、となっているのが常だった。この乳児観は大きく様変わりし、現在は出生直後から目も耳もよくはたらいていることが確かめられている。ピアジェの研究は、現代乳児観を先取りするものだったといえよう。

たとえば、0歳台の乳児には、何でも口に入れて試しているようにみえる時期がある。子育てをした人なら誰しも思い当たるだろう。舌による触覚が外界探索の一手段になっている時期である。つけ加えれば、指しゃぶりもはじめはこうした探索活動の一つだった。しかし、乳児もいつしか指しゃぶりはなだめ、または癒《いや》しの効果をもつことを学習し、要求不満の事態に陥ると指しゃぶりにふけるようになる。指しゃぶりが問題なのは、歯並びが悪くなるなどの副作用もあるが、大もとは乳児の要求不満の事態が強くか長くか伏在していることが疑われるからである。

頑固《がんこ》な指しゃぶりなどを除けば、ふつうは問題にもしないこのような幼い探索活動が、知識をつくる第一歩となる。7~8か月くらいの乳児が、おもちゃをはいはいして取りに行こうとするとき、急におもちゃにハンカチをかぶせると、乳児は一瞬きょとんとして次の瞬間泣き始める。ちょうど、おもちゃを突然取りあげられたような反応を示す。みえなくなると、ものがなくなったように感じるらしい。視覚という外界への通路が一方的に優勢な時期なのであろう。それ以後いろいろ複雑な経緯を経て、子どもは乳児期の終わりには、おもちゃをどのように隠しても的確に探し当てるようになる。ピアジェは、これを「対象の永続性」と呼んでいる。事物は自分の感覚世界のあり方とは別に、それ自体で存続しているという外界認識の基礎が、ようやくできあがったといってよい。

ほぼ同時に、子どもは見立て遊びなどという新しい遊びを発見し、絵本の帽子をかぶるまねなどをする。これは、あるものを別のものや身振りで代用する――ものを記号化するはたらき（象徴化）だから象徴遊びと呼ばれる。象徴化は、ことばや数の基礎ともなる。子どもの知的なはたらきは、このように早くから動き始めている。乳児だから何もわからない、という考えは誤っている。出生のはじめから大切に育てる心構えが肝心なのだ。

このあとの6～7歳ごろまでの段階をピアジェは前操作期と名づける。わかりにくい名前だが、前半は直観的思考期、後半は前概念期に分けられているから、おおよそは察しがつくだろう。説明はあと回しとして、この年代はある意味で一番子どもらしい時期といえよう。日常的な会話は急速にできるようになるので、いろいろな話が弾む時期でもある。

ピアジェは、たとえば、お星さまは空をきれいにするよう誰かがつくった（人工論）、お月さまがついてくる（アニミズム）、夢はまぶたの裏にしまいこまれている（実在論）などの幼児独特の考え方があらわれるという。まさに童心主義の時代といってもよいのだが、その中心にあるものは自己中心性である。自己中心性とは、読んで字の通り自分の考えたままをすぐに現実の世界や他者の考えと取り違えるという心のありようを指す（ピアジェは、あとにこの考え方を少し修正している）。先に述べた心の理論と思い合わせると、共通するものがあるのがわかる。良い悪いについても、この時期にはコップをいくつ壊したという現実の損害が基準になり、なぜ、どうしてといった意図は問題にしない幼稚な判断が主役をなすともいう。

数についても同様である。6歳ごろまで子どもは、一列に並べた赤いおはじき5～6個と同じ数を白いおはじきで取ってというと、白を赤の下にくっつくように並べ同じという。いかにも「同じ」がわかっているようにみえるのだが、ここで白の列を引き延ばすと今度は白が多くなったといい、逆に短くすると少なくなったと答えを変える。目にみえる現実が優先するため、長ければ多いという混同が起こる。感覚的情報を優先する自己中心性のあらわれと、ピアジェは判定する。

しかし、6歳過ぎになるとここに注目すべき変化があらわれる。子どもは、今度はどのようにおはじきを並べ替えても、「取りも増やしもしないから同じ」とか、「元通りに戻せば同じ」と理由を述べて、正答するようになる。それまでは、直観的印象だけで長さと多さとを取り違えていたのが、初歩的ながら論理的に結果を予測し、答えをだすようになる。

ピアジェは、このような新しい考え方の出現に具体的操作という名を与えている。わかりにくい名前だが、操作とは、おはじきのような具体的対象を延ばしたり縮めたりという行為を頭のなかでなぞってみることを意味する。具体的対象を扱う行為のなぞりだから、純粋に抽象的推論とはいいにくいので、具体的操作という。

具体的操作があらわれると、子どもはどんなにおはじきを並べ替えても、迷わずに同じと答えられるようになる。このことは、子どもが長さと数の多さとを取り違えるという直観的印象によって左右される自己中心的世界から、新しい知的世界へと足を踏み入れたことを意味する。だから、ピアジェは「元に戻せば同じになる」という操作の出現こそ、真の思考への第一歩だという。

▼ことばの発達と内言の獲得

この実験は、形を変えても数そのものは変わらずに存続しているという原理の理解をテストしているから、「数の保存」と呼ばれている。子どもの知的発達における一里塚を明らかにした画期的な研究成果とたたえてよいが、あえて不満をいえば、ピアジェは知的発達におけることばの力をほとんど重視していない。たしかに、最近の幼児に数を知っているかときくと、「ボク、億や兆も知ってるよ」というしたり顔の答えは、そうめずらしくない。しかし、そうした子どもにたかだか5～6個のおはじきで数の保存の実験をしてみると、見事に長くなったからたくさんと答えるのに驚かされるだろう。だから、ピアジェはことばのうえだけの数となかば軽蔑の口ぶりでいう。

しかし、10まで数えたら湯ぶねからでてもいいよ、というお風呂の算数は、やはり子どもの数の入口である。あとで繰り返すように、数唱はただの棒暗記と片づけてはならない。たくさんの数を唱えるうちに、子どもはいつか10の位の数は変わっても、1の位は同じ数の繰り返しであることを知るだろう。

1から100までの数を10列10行に書くという教授法を早い時期から取り入れている母親の子どもを、観察したことがある。この子は、はじめは順序通りかいていたが、4歳過ぎのころ、突然に各行に1から0までを書き、次に各段の数字の頭にうえから1、2、3……と順に書きたすという記数法を自発的に始めたのに驚かされたことがある。数字の形を目でみるという利点がはたらき、10進数の組み立て方を自然に会得《えとく》したと思われる。たくさん数えることにも、こうした効用があるのだろう。それをみるには、いつも最初からではなく、7から、23からのように途中から数えさせる、または逆唱をさせるなどによって簡単にテストできる。

数の保存についても、必ずしもことばは無用とはいえない。筆者もこの研究に熱をあげた時期があったが、日本語ではたくさんが数と量と双方の意味でつかわれることが幼児の混乱を大きくしているのではと考え、まず長短・大小・数の多少などの各次元は、それぞれ長い・大きい・多いなどと呼び分け、無差別にたくさんを使わないよう学習させてみた。次に保存の実験を行ったところ、この学習をしない場合より成績がよかった。ことばによる次元の区別は、保存の獲得にやはり有用であるように思われる。

この大切なことばの発達はどのように行われるのか、ここで述べるゆとりはないが、幼児期に重要な事柄を二つだけ指摘しておきたい。第一は、語彙獲得《ごいかくとく》の目覚ましさである。アメリカの研究では、児童期には子どもは一日平均10語くらいを習得するといわれる。日本の研究でも8語くらいという資料がある。いずれにしても、驚くべき速さといえる。誰も意図的にこれほど多くのことばを教えてはいないだろうから、語彙獲得はヒトの自然に根差す生得的なものと考えるよりほかない。

人間に匹敵することばをもつ動物はいない。そういう意味でも、ことばは人間の本性といってよい。その大切なことばの第一歩である語彙獲得は、幼児期にもっとも活発である。それは教えて教えられるものではないかもしれないが、就学前の成育課程を考えるときには、保育者がもっと注意を払ってよいテーマではないだろうか。

就学前のことばの発達でもう一つの重要な変化は、内言《ないげん》の獲得である。この名前は、ソビエト時代のロシアが生んだ優れた発達心理学者ヴィゴツキーの発想からきている。ことばを重視しないピアジェは、幼児期の子どもがしばしば集団のなかでつぶやくひとりごとを自己中心語と呼んだ。相手の応答を期待しない、その意味では社会性を欠いた未熟なことばというほどの意味である。これに対して、ヴィゴツキーは大きく異議を唱えた。

絵を描いている子どもに、クレヨンを一本隠すという意地悪な実験をヴィゴツキーはやってみた。すると、急にひとりごとが増えることを見いだした。「赤がないな、茶色で描こうかな、やっぱりダメ……」という具合だ。ピアジェは、集団内のひとりごとは誰を相手にしているわけでもないと解釈したが、ヴィゴツキーはこれは自分自身に対する語りかけだという。今やろうとしていることに支障がでたら、どのように計画を立て直すかを実際にやる前に頭のなかで試行錯誤する過程をことばにあらわし、自分を納得させようとしているのが集団内のひとりごとだというのである。ここでことばは、思考の用具としての新しい役割を負うことになったのだとする。

ヴィゴツキーは、ことばははじめ他者へのコミュニケーションの役割を果たすために生まれるとし、これを外言《がいげん》と名づける。これに対し、思考の用具としてのことばは自分に向けられるものだから内言と呼ぶ。集団内のひとりごとは、形は外言だがはたらきは内言である。6~7歳のころ、ことばはコミュニケーション用具から思考の用具へという新しいはたらきを帯びる過渡期がくる。集団内のひとりごとは、その移行を示すものだ。この説は、のちにピアジェも大筋を承認した。子どもの言動をまじかにみる人は、誰しもその正しさを直観するだろう。以降、ことばは計画を立てるはたらきから意志動作を調整するといった、また別のはたらきをも発展させることにもなる。

▼就学への準備態勢

以上のように、具体的操作と内言の二人の主役が出揃う年代は、ちょうど就学期に当たる。世界各国で就学年齢がほぼ6〜7歳に揃えられているのは、決して偶然ではない。

具体的操作は、具体物を対象にする限りではあるが、子どもが一応の論理的思考を進めることを可能にする。数の保存により、子どもは形や大きさなど、見た目の変化は数の本質とは無関係ということを学んだ。こういう理解が備わると、石ころと木の葉のように外観の違うものを一緒に数えることにも抵抗がなくなるのはわかりやすい道理であろう。

日本語の場合、助数詞†という便利なものがあるので、大人と子どもを一緒に何人と数えることには、幼児といえども何の疑問もない。イヌやネコも大きさや四足という特徴は同じだから、同じく一匹、二匹とたやすく数えられる。しかし、少しテストしてみればすぐわかることだが、たとえば、赤い鳥・青い鳥と赤い自動車・青い自動車の4種類のおもちゃを2個ずつ並べ、鳥は何羽、自動車は何台などと問うと、4〜5歳児でも難なく答えるだろう。だが、問いを変え、赤いものは何個、青いものは何個などに対してはとまどうことがみられる。幼児はまだ、何か任意の特徴によって同じ種類に分けることが苦手であり、異種と思っているものを通して数えることは難しいのがわかる。クラス分けの大切さは、ピアジェも指摘している。このような能力が備わることによって、算数の授業もはじめてスムーズに進めることができるのだ。

ことばの発信と受信能力も、同じように大切なことはいうまでもない。幼稚園や保育所では30〜40人という規模の集団で一斉《いっせい》に動くことは少ないが、小学校では一斉行動がすべてに要求される。だから、小学校進学にあたって集団行動への慣れが必要な準備であることは周知され、そのような訓練も意図的に行われていることはすでに述べた。

しかし、ことばの真の理解力の大切さがかえって注意されていないのは心配になる。保育所や幼稚園では、少数の子ども集団に保育者がつき切りで世話をしているのが日常だから、身振り手振りで間に合うというより、むしろそれが主役であることがふつうだ。30〜40人の子ども集団を一斉に動かすとなれば、それでは足りない。ことばが主役——極端にいえばことばだけでのコ

---

† 数字などのうしろにつけて、どのようなものの数量であるかをあらわす。数詞をつくる接尾辞。日本語のほかに東アジアの言語（中国語・韓国語など）や、ネイティブアメリカンの言語などにみられる。

ミュニケーションによって、教師と子ども双方向の伝達が可能でなければならない。

ここで重要なことは、内言のはたらきである。外言はもっぱらコミュニケーションのはたらきに向けられているから、身振り手振りを補足し、助ける役割を負っている。難しくいえば、状況的な文脈に頼ることによってはじめて力を発揮できる。これに対して、内言は思考の用具である。この役割を果たすためには、ことばは課題の要点をはっきり表現することによって、何を取りあげ、どのようにやればよいかを頭のなかで計画できなければならない。ちょうど、具体的操作によって、子どもは実際にやってみなくても、元に戻した結果を想定できるようになり同じと答えるのと似ている。内言と具体的操作が同じころに出現するのは、このように広げて考えると決して偶然ではなく、広い意味での共通性に基づくものだと思えてくる。

ともかく、内言はことば同士を正しく論理的につなぐことによって問題点を映しだし、頭のなかでこれもことばによって試行錯誤し、解決への途《みち》を探るものだ。いい換えると、内言は言語的文脈に頼ることによってその力を発揮する。30人以上の集団に効率よく何かを伝えるには、いちいち身振り手振りや具体物を示して説明するわけにはいかないから、勢いことばに頼り、そこでは当然内言が主役を演じることになる。子どももまた、教師の指示を受け止め自分にわかるように頭のなかで変換する必要がある。これも内言のはたらきだ。要するに、小学校では具体物や身振りよりは、ことばが重要なコミュニケーションの用具になるのだが、学年が進むにつれ、同じことばも外言から内言へと次第に置き換わっていくことに注意しなければならない。

具体的操作と内言とは、後者の役割がより広いが——ともに小学校で知的教科を学習するには必須の用具である。むろん、向社会性もさまざまな相互交渉に不可欠だ。近年、小1の壁とか9歳の壁とかが強調されている。そこに何があるのかは、まだ未知の問題だが、もしかすると、右のような準備状態が欠けたままに進学する子どもが増えているのが一因かもしれない。そうだとすれば、就学前の成育課程では、これらがどの程度どのように備わっているのかを簡潔に把握できるテストをつくり、子ども一人ひとりの発達状態を的確に把握し、足りなければそれを補償する方策が必要になってくるかもしれない。現在の教育問題に対応するには、就学前の成育の役割として、今から準備をしておいても決して早過ぎることはないだろう。

▼無気力状態の克服には

先にフリン効果について述べた。知能問題に詳しい社会心理学者フリンの推計によると、ＩＱについての統計資料をもつアメリカ、イギリス、フランス、カナダ、ニュージーランド、日本などでこの半世紀ほどの間に1年平均0.3くらいの堅調なＩＱ増加がみられるという。これについてフリン自身は、社会・文化的環境の変化が大きな理由と考えているようだが、いろいろの意見が渦巻き、その正体はまだはっきりしていない。しかし、筆者の主観的印象でも、かつての外見だけで精神遅滞とわかるような子どもは近年は影を潜めたように感じられる。フリンもいうように、社会全体が、知能という価値にいっそう重点を置き始めたことのあらわれだろうか。

それはともかく、フリン効果が本当なら、なぜ子どもの学力低下がこれほどにも騒がれ、議論を賑わせるのだろうか、奇妙なことだ。むろん、学力低下も複雑な問題だから、単純に片づけるわけにはいかない。たとえば、日本の子どもの勉強時間は、ほかのアジア諸国より短いといった資料があり、これが原因とされることがある。それが本当なら、過去の日本の子どもの勉強態勢はどのようであったかも知らねばならない。時代の変化を考えると単純な比較は困難だが、時間的には減っているという意見もある。大学生に関してなら、たとえばアメリカなどと比べて圧倒的といってよいほど短いことは確かだろう。

こうみてくると、学力低下とされているのは、知的能力が低下しているからではなく、おもな問題点は勉学の動機や意欲の側にあるといわねばならない。意欲について、就学前の成育課程に果たすべき何かがあるだろうか。

まず注意したいのは、無気力症状ともいうべきものが、近年の幼児には目立ってきたように思われることだ。「気になる子」の一つの類型といってよい。たとえば、筆者のみたFu（仮名）は当時4歳の男児、かわいい顔立ち、乱暴な振る舞いはなく、片すみでいつもひっそり遊んでいるという感じだった。その限りでは、手がかからない子の典型のようにみえた。ところが、発表会の練習のような状況では、一転して困った子になる。一斉行動ができない、少し複雑な指示にとまどう、だから練習を嫌がりうわの空でやっているのでますますついていけなくなる。ついには、オルガンの裏に隠れてでてこないというありさまになる。

それから注意してみていると、いろいろわかってきた。この子は好んで年下の子と遊んでいる。遊びの種類はきわめて単調で、たとえば玩具の車での追いかけごっこなど、発展性がなく、いつも同じパターンに明け暮れている。指しゃぶりもひどいし、昼寝のオネショも続いていますと、担任も困っていた。園と協議して、巡回相談を受けてもらうことにした。保護者立ち合いが原則だから、母親にもわが子の状態をよくみてほしいというのが目的だった。

結果は、知能テスト成績がIQ70点すれすれで、発達遅滞の疑いがあるというものだった。母親も同席して、区の担当者からいくつか注意をされたという。それまで二度呼びかけても気のり薄という返事ばかりだったが、これでやっと面談の約束が取れたのが収穫だった。

話してみて、母親の抱えている苦労がよくわかった。この子には、小学校にいっている姉と兄の二人のきょうだいがいるが、二人ともＡＤＨＤと診断されているという。すでに指摘したように、ＡＤＨＤという診断名は、何か子どもに問題があるとすぐに貼りつけられる便利なレッテルとして使われているように思われる。このケースもそれが疑われるが、父親は真に受けて母親にはお前の育て方がなってないからこんな病気になったと激しく叱責した。二人の担任教師からは、今日学校でこんなことがあった、気をつけてくれないと困ると始終電話がある、夫にも話せず、ストレスが溜まる一方だと泣かんばかりである。

上の二人は厳しく育てたつもりが失敗したので、Ｆｕについては反対にできるだけ要求をかなえて自由にさせようと育てたと、母親はいった。結果的には、それは甘やかしの途だった。母親は、末っ子のためかＦｕが、「かわいくて、かわいくて」と面談中に繰り返したのが印象に残っている。

保育者は、近くの自動販売機の前でうずくまって動かないＦｕの姿をよくみかけるという。おとなしい子の示すカンシャク発作といえる。そこから、たいがいは要求をきき入れるが、たまりかねて拒否することもあるという母親のしつけのむらが推測できる。Ｆｕの要求を先回りして叶えてあげることで、母親は自由にのびのび育てていると思い込んでいたのだろう。

アメリカの心理学者セリグマン（Seligman, M. E. P. 1942 - ）が、次の実験をしたのは有名だ。

二匹の子犬を電線でつなぎ、同時に電気ショックをかけることができるようにしてから別々のブースに入れる。一方のブースにはボタンがあり、電撃を受けた子犬が必死に暴れて、そのボタンに鼻づらで触れると、ショックは止まる仕組みになっている。しかし、他方のブースにはボタンがなく、こちらに入れられた子犬は、ただ隣の子犬が止めてくれるのを待つだけとなる。電撃を繰り返すと、ボタン側の子犬は、次第に電撃とともにボタンを押し、早く止めることを学習する。ところが、もう一方は逆にだんだん暴れなくなり、ひたすら耐えて待つようになった。

これらの犬が成長したとき、また似た状況に直面させた。今度は、仕切りのある部屋の一方の白塗りの側に入れて電撃をかける。仕切りを超えて隣の黒塗りの部屋に逃げれば、そこは電気が来ていないのでショックは受けない仕組みになっている。

小さいとき、ボタンを押して電撃を避ける学習をした犬は、今度も逃げ場を探しうまく隣の部屋に逃げ込むことに成功した。仕切りの壁を高くすると、それを飛び越して逃げるような積極的な工夫を試みた。ところが、ボタンなしのブースに入れられた犬は昔と同じように、ただうずくまり電撃の過ぎ去るのを我慢して待つだけだった。

このような消極性が過去の経験によってつくられたことは、二匹の犬の対照的な振る舞いから明らかだから、学習性無力状態（無力感）と呼ぶ。大人ですら、失敗が続けば何もかも投げだしたくなる。まして幼児期に無力感がつくられると、習慣化され一生の負担になりかねない。だから、無力感をつくるような体験を防ぐことは、幼児期にはきわめて重要なことが知られる。

Ｆｕの場合は、もういうまでもないが、母親が何事も不満のないようすべて先回りで要求をかなえ、それが愛情と信じてきた。Ｆｕは自分で生活上の課題を解決する経験を与えられないままに育った。こうしてつくられた学習性無力状態が何事にも響いて、遊びすらもいさかいのない年少児相手の幼稚な繰り返しに終わっている。新しい課題に挑戦する意欲もないから、少し困難なことがらはいつも逃げることになったのだろう。その意味でもっとも苦手な知能検査に直面させられ、ろくろく考えようともしなかったのだろう。これが、見かけの発達遅滞をもたらしたと思われる。

母親の愛情いっぱいの育て方には、確かにうまくいった面がある。たとえば、Ｆｕは素直で仲間から憎まれるようなことはなく、保育者皆からかわいがられている。こうした人柄をつくったのは思い通りといえる。しかし、愛情いっぱいがいき過ぎると甘やかしになり、消極性をつくりやすい。それが発達遅滞と紛らわしい特徴を生んだのかもしれない。これからは、自立や積極性という面にも力を注いでほしい、とアドバイスした。幸い、母親も納得してくれて、その後いろいろと努力をしたようである。小学校進学後のＦｕは見違えるようにしっかりした顔つきになり、一人で元気に学校へ向かうのをみかける。

こうした事例を近年はたくさんみるようになった。無気力や意欲欠乏症に通じていくなら、その予防は就学前の重要課題となるのは疑いない。

▼内発的動機を養うためには

無気力を防ぐだけでは消極的、積極的な意欲を育てるに十分かと問われることだろう。それを考える手がかりとして、積極的な活動へ向かうための意欲という内的興奮とは対照的な退屈という感情を取りあげてみよう。退屈はどんなとき感じられるだろうか。誰でも覚えがあるように、あまりにも単調・一様な環境条件は感興《かんきょう》を呼ばない。いい換えれば、見慣れたものは退屈を感じさせる。極端な場合、外的刺激がまったく一様になると、そこに事物があるという感じすら失われてしまう。一面真っ白な大きな壁に直面して立ち、それ以外が目に入らないとしよう。壁という感じはなくなり、何か白い霧のなかを漂っているような不思議な感覚が生まれる。環境刺激においては、変化が大事ということがわかるだろう。

カナダの生理心理学者ヘッブ（Hebb, D. O. 1904 - 1985）は、感覚遮断《かんかくしゃだん》と呼ばれる興味深い実験をした。まず参加する学生を募集した。実験の要旨は、ゴーグル、耳栓、腕にはボール紙の筒などを装着し、できるだけ刺激を受けないようにして実験室に入るだけ、それ以外に義務はない。もちろんトイレは自由、食事も与えられる。ただし、やはり刺激を最小にするためチューブから離乳食を食べる、というものであった。何も難しい仕事はないのに一日20ドルという当時としてはかなりの高給が約束されていた。なかにはこれで夏休みの旅行費用を稼ごうと参加した学生もいたほどだった。

ところが、案に相違して3日と我慢できた人は少なかった。何も刺激がない——極度の退屈は実は大変つらいものらしい。それでもがんばる学生もいたが、次第に精神の変調をきたし、壁にゾウの群れが通るなど幻覚をみる、また単純な暗示をすぐに受け入れるようになった。この当時よく洗脳が騒がれたものだが、こうした感覚遮断による隔離がその手段だと考えられた。余談だが、その後日本でもこの種の実験が行われたが、日本の学生は、はるかに長い期間の感覚遮断に耐えられることが示された。日本人は我慢強いとか、静寂を愛する文化がはたらいているためなど、諸説があって興味をひく。

これらの研究からわかることの第一は、人（だけではなく動物一般）は原則として絶えず新たな刺激を求め、それを動力にしているということだ。裏返せば、何も刺激がなく無為の状態には耐えられない。動物と人間とを問わず、隔離して通常の刺激が受けられない条件で育てると、さまざまな欠陥や問題が起こることは、それを証拠立てている。刺激は脳を活性化させ敏感な対応を可能にすらからだ、と説かれている。ながら勉強は気を散らせるわけではなく、むしろ自然だというのである。

第二は、人は刺激の強弱より前述のようにその変化に敏感ということだ。行動経済学の教えるところでは、1年後に約束された1万円よりも目前の9千円とか8千円を選ぶ人のほうが圧倒的に多いという。今の8千円の利得は目にみえるが、1年後の1万円はそれに比べて弱いと感じられるからだろう。このことは、政治情勢を考えるうえで、きわめて重要だ。息の長い利点より目前の小利益のほうが、どうしても関心が高くなる。ポピュリズムを非難してみても始まらない。しかし、子育てのような長期的視野を必要とする政策立案に当たっては、この意味で人間の視野の狭さは、よくよく心にとめておく必要があるだろう。

見慣れたものは退屈、ではそれと反対の感情とは何だろう。まったく経験しないような新規の事態に出会ったとき、どう感じるだろうか。たとえば、今までみたこともない奇妙な形をした極彩色のとかげのような小動物がゆっくり近づいてくるといった状況を想像してみよう。誰しも、強い緊張とストレスを感じることだろう。ヘッブは、まったく見慣れぬものに感じるのは嫌悪や恐怖、その潜在的な形——不安であるという。

退屈と恐怖の中間の状態が、探索の欲求——好奇心を呼び起こすとヘッブは説く。見慣れたとはいえないが、かけ離れているともいえないものが、探索の対象になるのだ。たしかに、なぜ高い料金を払ってまで、嘘とわかっているお化け屋敷をみにいくのだろうか。このような好奇心は日常いろいろ認められるものだが、単純合理主義の説明はむずかしい。やはり、人間のもつあくなき好奇心によるとすべきだろう（チンパンジーの類にも、強い好奇心がみられるという実験もある）。

好奇心——探索欲求に基づく行為の動力を、飴《あめ》と鞭《むち》という外発的動機に対照させて内発的動機という。ヘッブ説は、内発的動機の理論的説明として納得のいくものだが、この考え方は実際の教育にどのように適用されるだろうか。アメリカの発達心理学者ハントは、その典型例として日本のスズキメソード（才能教育研究会）をあげている。スズキメソードでは、いきなりバイオリン教授に入るのではなく、その前に周到に選定された、さまざまなバイオリンの名曲を単純なものから、次第に複雑なものへという順序で聴かせていく。子どもが一つの曲を聞き飽きた様子を示せば次の曲へ、また次へと進めていく。いわばあるバイオリンの名曲を見慣れたものにすることにより、それより少し隔たったより高度の領域——今までは見慣れなかった——したがって敬遠領域を今度は探索領域にと変える。こうして、バイオリンの名曲に対する高い内発的動機づけをつくっているというのである。

ヘッブの説く内発的動機づけは、いわば外的情報環境の調節によって探索欲求のはたらく領域を順次拡大しようとするものである。これとは対照的に、内的情報環境の調節に基づくもう一つの内発的動機づけがあると、筆者は思っている。序章に述べた事例は歩けたはずなのに、隔離状況では歩こうとしなかった。しかし、施設に収容され、通常の社会的状況に帰ることによって、すぐに歩きだした。はじめて親身の養育を受けて、保育者への愛着が芽生えたのだろう。親しく世話してくれる人と同じになりたい、そういう欲求が生まれてきた。こう考えなければ、わずか3〜4日で歩きだす理由は説明できない。このように自分とモデルとを引き比べて、同一化したいという願望——動機づけはモデリングと呼ばれ、広く知られている。

モデリングは、モデルの示す能力や水準を自己のそれと比べることにより、理想の目標へ近づきたいという動機づけのあらわれだ。これを拡張して、何らかの目標と自分の状態を比較し接近を願う願望を、成長への動機と呼んでおきたい。成長への動機は、乳幼児期にはことさら強い。子どもはなぜ木登りやジャングルジムを好むのだろうか。危ないだけで、実利的には意味がない。それでも繰り返す。こうした行動は幼児の世界にはむしろつきものだ。その理由を少し考えてみれば、成長の動機が得心できるだろう。ジャングルジムに登れば、昨日より今日は一段高くなったことが実感できるので、成長欲求の充足という内発的動機がはたらくからだ。

この動機づけをうまく活用しているのは、公文教育研究会であろう。公文方式では、ちょうどの学習を唱え、その子にもっとも適したレベルの教材から出発する。易から難へ、さまざまなレベルに対応する教材が用意され、それに挑戦するごとに進歩——成長の感覚が充足される。これも巧妙な動機づけのあり方だ。

スズキメソードと公文教育は日本発で世界に浸透した二大教育方式であり、それだけの普遍性をもっているといえようが、ともに中心はその動機づけの方法にあることは興味深い。日本の正統派動機づけ方式は、前述した「勉強」に象徴される努力主義による外発的動機づけが柱だった。こういう文化的風土から、その反省として内発的動機づけを重視する教育方式が生まれたことはさらに興味深い。

乳幼児期は、うえの二つの動機づけが表裏一体となって進行するという意味でもっとも好ましい状態をなし、ほかの発達期にはみられない独自の意義をもつ。小学校に入れば点数がものをいい、次第に外発的動機が主役を占めていくことは避けがたい。とすれば、内発的動機を養うためには、乳幼児期こそかけがえのない発達期をなし、決して小学校への準備教育に終わるわけではない。就学前期の課題として、ぜひとも再考を促したい。

11章 保育・教育の新時代へ

知的遺産を継承し新しい展開を図るには

▼情操の教育

前章では、子育て危機の一環をなす教育危機に関連して、就学前の成育の目標と方法論について検討したが、実践の場に適用するには、なお距離がある。具体的方法につなげていくために、倉橋惣三と城戸幡太郎の二大先達が残した知的遺産を実践にどう生かすか、考えてみる価値があろう。その遺産とは、倉橋の情操教育論と城戸の国民教育基底論である。

しかし、実をいうと、この二つは水と油の関係にある。情操教育は、小学校に対する幼稚園教育の独自性を強調するために説かれたから、教育体系全体を見すえる城戸の立場とは、むしろ逆行する。そのため、情操の解釈も狭く偏っている。一方、国民教育基底論は、いち早く生涯教育――発達論を提示しようとした意欲は評価されるものの、戦時下の国民総動員政策に便乗した嫌いもあって、論旨明快とはいえない。二つの考えを統合するというのは、現代の生涯発達の見地に立って、就学前の成育の具体的方法を考えることにほかならない。

情操教育と内発的動機づけの関連については、すでに前章に述べた。内発的動機づけの典型スズキメソードは、幼児に与える音楽的情報環境を的確なステップを刻んで次第に高度化し、バイオリン名曲への憧れという目標に近づけていく方式をとっている。情操とは、高い文化的価値に対する憧憬《どうけい》や希求の感情だと述べた。この語を使うなら、スズキメソードは、まさしく音楽的情操の教育である。広く拡張すれば、情操教育とは、何らか高い文化的価値への接近を内発的に動機づけていく課程といえよう。

スズキメソードは、多年の経験に基づくよく整えられた方法をもっているが、音楽以外の領域にも工夫次第で同じ原理は適用できるだろう。というよりは、もともとこうした動機づけのあり方は、子どもの日常生活のおよそいたるところにみられるといっても、いい過ぎではない。具体例をあげてみよう。

▼知的情操の形成

筆者が団地住まい初期のころ（1960年代）、向かいの住居のI夫妻と親しくなった。長女とI家の男の子とは同年で、隣同士よく行き来して遊んでいた。仮にMくんと呼んでおくが、そんな次第でこの子の成長過程は1歳児のころからつぶさにみてきた。情操教育の観点からは、興味深い事例を図らずも身近に観察したことになる。

Mくんのお父さんは、当時めずらしいカーマニアだった。車すらまだめずらしい時代、早くから自家用車を手に入れ、団地の庭を車庫代わりにして乗り回していた。日曜日には決まってマイカーの手入れ、Mくんはよちよち歩きのころから、そばで遊ばせているのが常だった。だから、Mくんがはじめにおぼえたことばも車の名前であり、回らぬ舌で「あれルノー」「これ……」といわれると、車種などろくに知らないこちらはただただ恐れ入るばかりだった。

自動車へのMくんの興味は、当時はやり始めたトイカー集めに発展し、一人っ子のゆえをもって買ってもらい放題のトイカーを、専用の棚いっぱいに陳列するまでになった。4歳ごろになると、これは車のプラモデルづくりへと発展した。勢い、その他のプラモデルに興味が広がり、最後には戦艦大和のような複雑なプラモデルに挑むまでになり、まわりの大人を驚かせた。

メカニカルなものへの興味は、小学校に入るころにはさらに広がり、模型飛行機づくりへの熱中を経て、今度は時計を分解して組み立て直すという趣味に変わった。機械のもつ精密さやその機構と動き方が、興味をひいたらしい。いつしか鍵の分解や組み立てまで覚えてしまった。鍵や目覚まし時計が壊れて困ったときは、Mくんに頼めばすぐさま修理にきてくれるという近隣にとってありがたい便利屋にもなった。

小学校の教科では、理科や社会が好きで成績もとくによかったらしい。要するに、物事の仕組みやその動き方に関心が集まったためなのだろう。このまま進めば、将来有望なエンジニアかエコノミストが誕生するのかなと見守っていた。

一方、Mくんのお母さんは戦時中に育ち、習いたかった音楽への機会を失ったのを残念に思っていた。せめてMくんに音楽の趣味を育てようと願い、ピアノを買い求めピアノ教室の先生を家庭教師に依頼した。はじめはMくんも一応それにしたがっていたのだが、ピアノにはあまり興味がもてないらしく、高学年になるにつれてピアノなんか女のやるものだと公言するようになった。ピアノの家庭教師の日には、巧妙ないいわけをみつけて遅れたりサボったりする。ついに根負けした先生がこなくなり、音楽の学習は自然消滅してしまった。

この経緯は、たいへん興味深い。理科や社会への興味は、誰も意図して教えこもうとしたものではない。父親の車への愛着が、いわば自然にMくんにとってのはじめの定常的情報環境をつくり、こうして車への内発的動機づけの第一歩が用意された。自家用車があまりにも見慣れた環境条件になれば、少し異なる車情報が探索欲求（好奇心）を呼び起こしてトイカー集めに発展し、こうしてまた次なる情報環境の拡張が求められた。以後、その方向への情報探究と拡張が次々に進められ、ついに理科や社会科への興味に連なっていった。ヘッブのいう内発的動機づけ説の見事な例証であり、知的情操の形成過程を示す例ともいえる。

これに対し、母親が育てようと願った音楽への興味はついに実らなかった。なぜかはいくつかの理由があるだろうが、最大のものは、音楽への興味は母親のものであっても、Mくん自身の興味ではなかったことだろう。いわば外からの指示や強制（勉強）だけでは、本質的興味を育てられなかったことが、もっとも注意をひく。この二つの動機づけの対照はきわめて鮮やかであり、勉強主義の教育観への反省を与える。

この事例から得られるもう一つの教訓も見逃せない。内発的動機づけなどと理論めかしいことをいえば、怖気《おじけ》づいてスズキメソードではどうしていると、確立された方法を探すのが世の常である。むろん、偉大な先人の知恵に学ぶことは大切だ。しかし、いたずらにモデルに倣《なら》おうとするだけなら、それ自体がすでに反対の外発的動機づけの罠に陥ることになる。ヒントは、むしろ上記の例にみたように身近に潜んでいるのかもしれない。それを掘り起こす目をもつことがより大切だ。それも見つからないというなら、原理は単純なのだから自分で工夫してみることがもっとも大切だ。

▼情操教育を進めるためには

名作童話を毎日読むようにしています、お絵描きを毎日やっています、こういう意見が幼稚園の情操教育論では正統派の位置を占めてきた。むろん、それらに力を入れることは幼稚園教育の独自性を示し、相応の成果もあげたことは否定できない。そうなら、もう一歩を進めてみてはどうだろう。

内発的動機づけの原理にしたがえば、童話好きにするには、まず童話を身近な見慣れたものにするのがよい。名作童話の絵本をたくさん買い入れ、書棚にはいつも手にとれるよう並べておく。毎日読んであげるなど……。

ここまでは、どこでもやっていることだろう。だが、内発的動機づけからみると、これは第一歩を踏みだしたに過ぎない。このあとの工夫こそが肝心だ。たとえば、いつも読んでいるストーリーを少し変えてみる。主人公が泣く場面を笑うことにする程度でよい。このとき、「違うよ」

「泣いたんだよ」と抗議の声があがるようならしめたものだ。幼児は童話を読んでも、熱心にきいている子もあれば、よそ見をしている子もいる。どの程度きいているのか、きいていても何をきいているのか、本当をいうと心細い。まともにおもしろかったとか、どんなお話ときく人もいるが、十分な答えは返ってこないほうがふつうだろう。だが、こういう試みをすれば、子どもがどの程度にきいているかだけではなく、どのようにきいているかも推察できる。どこを変えたら、子どもの反応はもっとも活発になるかは、大きな手がかりになる。

こうなれば、子どもが物語のバラエティに興味をもつ土台ができたといえるだろう。そこですかさず、次の童話に移っていく。こうして次々、少しずつ高度なストーリーへ移っていくとよい。保育者があせらなくても、子どもが新しいものを読んでとせがむようになれば、うまくいった証拠である。

その先は、保育者の考え方次第になる。童話や物語に興味をもつというのが目標なら、ここで止めてもよい。もっとテーマを発展させて演劇に興味をと思うなら、ここで紙芝居を使うとよい。近年は万事簡便が好まれるので、紙芝居もただ台紙をみせて換えるだけというやり方が多いが、内発的動機づけの観点からは、ここでもう一段の発展がほしい。紙芝居用の枠組み（舞台）を用意すれば、見慣れたはずの紙芝居もいっそうの期待をもたせる舞台になっていく。演劇のひな形が示せるのだ。ここで、保育者が熱を入れて紙芝居を読みあげれば、子どもに与える感銘はまた一段と高いものになっていくだろう。

発表会で演劇をやる幼稚園や保育所は数多い。よい企《くわだ》てになりうるものだが、その前にふだんのこうした取り組みがあれば、子ども演劇への内発的興味を促し、いっそう効果があがるのではなかろうか。

つけ加えるなら、演劇は現在学校の教科に取り入れられてはいないが、筆者はこれから大切な科目になるのではないか、と感じている。人の気持ちがわからない生徒が多いという訴えが中学校・高校に急増しているありさまは、前述した。的確な対策は今のところないといってもよいが、さりとて手をこまねいているわけにはいかない。一つの方法は、生徒が劇中の人物をそれぞれ演じてみて、できればその人物に成り込むことだろう。これはもっと高学年の課題だが、幼児期にもその基礎をつくることはできよう。というより、日本の教育の現状に照らせば、そういう努力が必要だ。

発表会は保護者向けの見せ場づくりに過ぎないとして、中止する園もある。一つの見識として評価できるが、逆に見せ場としてではなく、大切な成育の場として発表会の上演を見直してはどうだろうか。

▼ことばと内発的動機づけ

文学的情操教育を考えて演劇にまで深入りしたが、ほかの領域についても同じ試みができる。数とことばは、いわゆる幼児期知的教育の焦点になっているが、これらについてはどうか。

ことばといえば文字教育のことと思われているが、これがまず気になる。読み書きは同時にできなければという平行論は日本の国語教育の伝統だが、これは漢字に重点があった時代のものだ。情報機器のワープロソフトの世紀にはさすがに古いとみなされているが、代わる考え方はでてきていない。幼児教育界でも読み・書き・そろばんが、三大教科になっているのは、その余波ともいえよう。しかし、幼児期には話しことばの充実が第一であり、その土台のうえに書きことばを築いていくという原則が大切である。

もう一つ注意すべきは、アメリカの言語学者チョムスキー（Chomsky, N. 1928－）のいうことばは生得的な機制によって獲得されるという学説があまりにも広く浸透し、自閉症児のことばの回復が困難なことは、この機制に障害があるためと考えられるようになった。生得説は、やはり悲観論に傾きやすい。すると、普通児でも、ことばを教えようという人工的試みは無駄ではないかという懐疑論がまた広まることになる。

筆者は、この点はむしろ逆に考えたい。すべての子どもに、ことばを受け入れる性能がよく完成された形で備わっているとすれば、適切なはたらきかけがあれば、すべての子どもに高い言語能力を伸ばすことが可能ではないか、こういい換えられる。ことばに比べれば、数の学習には、そのような一様の準備態勢が弱いと考えられるから、同じはたらきかけをしても個人差は大きくなるはずだ。詳しく述べるゆとりはないが、実際、筆者らの研究結果は、それを裏づけるものだった。多くの積極的幼児教育方式が言語教育に重点を置いているのは決して偶然ではない。

以上をまとめると、幼児期には話しことばの充実に力を入れるのが望ましいだけでなく、ことばの発達に問題のある子が増えつつある現状では、すべての就学前の成育課程に必須のものとして取りあげる必要がある。その目標とは、外言として始まる子どものことばを洗練して、内言としてのことばへの成長を促し、両者の均衡がとれたことばを育てることにある。方法としては、やはり内発的動機づけを活用する。お話教育に示唆したやり方は、ここでも有効であろう。

内言については、すでに指摘したが、一口に外側の状況に頼らずにことばだけで必要な情報を十分に表現するはたらきといってよい。幼児は、自分にとってもっとも大事と感じる情報だけを伝えがちである。「ころんじゃった、泣いてる」という具合である。このとき、大人なら誰でも「誰が、どこで」とききかえすだろう。これには、たぶんその方向を指すといった反応が返ってくることだろう。これをことばに置き直すように導いていけば、内言のはたらきを育てることができる。

このように、幼児期のことばの教育は、子どもとまわりの大人、親・保育者・近隣の知人などとのやり取りのなかで営まれる。保育者はことにそれを心がける必要がある。多少とも系統だってというなら、絵本の読みきかせのとき、わざと主人公の名前を取り違えてみるなどが一つだ。ここで、一斉《いっせい》に「ちがうよ」と抗議の叫びがあがり、「それじゃ、誰」と問い返せば、自然に「誰」に注意させられる。ことばによる事態の表現に当たって、最低必要なのはよくいわれる、「誰が・何を・どこで・いつ・なぜ・どのように」の5W1Hの6要素だろう。このうち、幼児も「誰」は比較的早く使うようになる。以下、大まかに「何を・どこで・いつ・なぜ・どのように」の順序になろう。「誰」への習熟を見きわめたら、うえの順序にこれらの習得度を確かめ、不十分ならまた物語の文脈で指導し、次第に難しいものへと進んでいくのがよい。

内言の習熟が進むなら、次は読み書きを考えればよい。読み書きことばは、内言とかかわりが深いからだ。たとえば、黒板に書いてあった指示を母親が読んでもよくわかるように要約して書きとるなどの例を考えてみればわかるだろう。

前述のように、読み書きといえば文字教育と思われている。しかし、文字は読み書きことばを表現する手段であって、それ自体を目標にすべきではない。「あいうえお」からはじめて、手本の模写や、なぞりなどの書き方学習が文字教育とされているのは、古い伝統の生き残りである。過去には、この方式がとくに漢字教育において大きな成功を収めてきたのは疑いない。日本の子どもは、アメリカの学校のスペリング・コンテストでもよい成績を取ることが多い。また、漢字文化圏では指で漢字の筆順をなぞることがよくみられ、空書《くうしょ》と呼ばれている。漢字は複雑なので、このように書き方を一種の習慣にまで高めると効率がよい。いつしか習得されたこの方式が、自国語ではない英語の書き方にまで好影響をおよぼしているのだろう。漢字教育の副産物として、見逃せない。

それは重々承知のうえで、現代ではやはり書きよりは読みのほうが大切だといいたい。ワープロソフトの普及は、書きより読みを優先にした。筆者のような手書き世代にはかつての書字教育に郷愁《きょうしゅう》が残るが、ワープロソフトの潮流は変えられないとも思う。すると、書きより読みが重要というのも、なかば必然になる。読み教育についても、内発的動機づけの原則にしたがう。

まず、もっとも主要なひらがなの読みについての習得順を考えてみたい。あいうえお順がこれまでの慣例だが、読みの習得には別の原理が必要だ。ひらがなのような単純な字形では、どうしても似た形がでてくるのを避けられない。たとえば、「い」「こ」「り」は90度回転、長短の差などを無視すればほぼ同じになる。こうした似た字形群は、「く」「へ」、「は」「ほ」「ま」、「た」「な」、「つ」「し」など、いろいろある。読みはじめには、これらについての混同が多い。筆者の研究では、「あ」と「お」の混同率がもっとも高かった。幼児にとっては、字形も音も似ているという二重の類似性によるようだ。ちなみに、アルファベットの場合にも、「p」「q」、「d」「b」などの似た字形群の混同が初期には多いという。ここから、読み書き教育についていくつかの示唆が得られる。

第一の示唆は、教える順序である。杓子定規《しゃくしじょうぎ》にあいうえお順にこだわるよりも、こうした混同しやすい文字を見分けることから始めたらどうだろう。すると、「い」が読めるというのは同時に「こ」も「り」も読めることになり、効率も高い。筆者はそういう試みをしてみたので、この方式に確信をもっているが、より大きな規模で試行が行われることを望んでいる。

この提案は必ずしも、便宜のためではなく、はるかに原理的なものである。幼児がそれまで見慣れた世界は具体物で占められ、そこでは方向や位置は重要な役割はもたない。リンゴは90度回転してもリンゴである。粘土の端を引き延ばしても粘土に変わりはない。ところが、文字とか図形のような記号の世界に入ると、今まで問題にならなかった位置や方向が識別の肝要な条件になってくる。子どもは、いわばまったく異質の認知世界に足を踏み入れるのだ。その驚きや感動を大切にし、内発的動機づけの出発点にしたい。よく似た字形の識別から始めるのは、この原則を重視するからである。

「くり」の「く」を90度回転すれば「へり」（こぷたー）になり、「いす」の「い」の右脚を延ばすと「りす」に変わる。これらをイラストにしてみせたらどうだろう。ほかにもたくさんの例をみつけるのは難しくない。もう一つだけあげれば、「はし」の「は」が傘をさせば「ほし」になる。ついでに、「はし」はアクセントのつけ方によって、「橋」にも「箸」にもなることを示し、ほかに「はし」ということばはないか探してみるなどの発展もある。もっと延長すれば、文字では、大きさや間隔など、これもものの認識ではほぼ問題にならないことが大きな意味をもつ。「いしや」を「いしゃ」に変えると、まったく別の人になってしまう。いつぞや、売出期日の書かれた新築マンションの名称表示が何かの都合で、「カマタハ　イツ」と張りだされていて思わず苦笑させられた。このような例は、もう少し高度の問題になるが心得ておいてよいことだろう。

補足として、幼児期のことば遊び、たとえば、しり取りなども大切にしたい。このことばはどの字から始まるのか、一字一字が読めるようになったら単語の読みに入っていくが、そのための準備になる。ここでも同様に、はじめはどんなことばでもよいことにし、慣れてくれば名詞だけに制限するなど進め方に注意したい。読みきかせもよく使われる方法だが、ここでも同じような工夫の余地があろう。

第二の示唆は、多少刺激的に響くかもしれない。ひらがなやアルファベットなどの基本文字の性質を考えると、それらは書くのはやさしいが、読むのは存外難しいことがわかる。漢字教育というと、現在の幼児教育界では鼻つまみものであることは、筆者も知っている。しかし、原則的に考えると、漢字は字画が複雑だから同じ字形は少なく、識別はかえってやさしいことがわかる。漢字は数がたくさんになると、識別は格段に難しくなることは心得てのうえで、少数の漢字に限ればその読みの習得はむしろ簡単だ。ひらがなは、書くのはやさしいが読むには難しく、漢字は反対に書くのは難しいが読みはむしろやさしいといえよう。

漢字の読みが難しいという先入見は、むしろ読み書き平行論からくるものではなかったか。石井方式の漢字教育は、この盲点を突いた。正統派の国語教育からみると、ひらがなの前に漢字を教えるなどとんでもない逸脱《いつだつ》とみえるので、幼児教育界も石井方式に対し少数の熱烈な賛成派と多数の無関心派・反対派に分かれている。対立が簡単に収まるとは思われないが、水かけ論はやはり無益であろう。それよりは新しい試みがいろいろ行われ、その結果をみて評価を下すほうが、はるかに健全な態度であろう。

従来は漢字は難度が高いと一方的に決められ、それにしたがって読み書きもまずひらがなで書き、あとで「いぬ」を「犬」と書き直してきた。しかし、犬の読みは難しいことではなく、幼児にも容易だ。であれば、従来の習得順は二重手間のマイナスかもしれない。

日本語の正書法は、漢字仮名交じり文にある。漢字は中国から伝来したものだが、ひらがなと書き分けられることによって、むしろ日本語に独自の特徴をもつようになった。詳しく述べるゆとりはないが、音訓の両読みが可能なため、難しい漢字単語にあっても容易に意味が推察でき、ひいては漢字を駆使して、さまざまな造語が可能になる。こうして、いち早く西欧起源の諸学を取り入れることができた。漢字の意義を見直すなら、漢字仮名交じりの正書法にも早くから親しんでおくほうがよい。ここには、漢字が内容語、ひらがなは機能語をあらわすという書き分けの原則が示され、文字のはたらきへのより高い感覚と興味が養われていくと期待される。内発的動機づけの観点から、漢字習得を見直してみたいものである。

▼数と内発的動機づけ

数は人間のつくりだしたもっとも精緻《せいち》な体系だから、その学習に当たっても相応の深い考察が必要である。そのゆとりはないので、数への入口の数唱と計数を中心にして、どのように学習を進めるかを考えてみたい。

多くの子どもは、10まで数えたら湯ぶねからでてもよい、という形で数をおぼえる。この「お風呂の算数」を軽蔑してはならない。養育不全の子どもでは、4～5歳になっても数に興味がなく簡単な数唱さえ間違える例がある。数の世界への入口の数唱でさえ、親密な養育者との日常のふれあいのなかで育っていくようだ。その意味では、よほどひどい養育放棄の事例を除き、ことばがほとんど自然発生的に育つのに比べれば、数がヒトの生得的な特性である度合いは、はるかに低いと思われる。

幼稚園・保育所を問わず、多くの子どもはこの基本的興味が芽生えている状態で入園してくる。数を知っているかと問われれば、2～3歳児ならたどたどしいなりに1から10くらいまでの数を唱えてみせるし、4～5歳児にもなると100まで知っているのはめずらしくもなく、なかには「兆を知ってるよ」「違うよ、一番大きいのは無量大数《むりょうたいすう》」などという子がいるのに驚かされる。筆者らが約半世紀前に大都市中流階層児で調べたときは、入学直前に数唱範囲は平均して50程度だったから、数の知識はかつてより、よほど進んでいるという印象をもつ。

問題は、しかし、その中身だろう。たくさん数を唱えられるからといって、数の組み立てまでもわかっているとはいえない。たとえば、1からなら10までスラスラと数が唱えられるようにみえても、ロケット発射だから逆に数えるようにいうと急につかえてしまう。途中から数えるようにいうと、知っているはずの数が、なかなかいえないなどの例がある。とくに19とか、58とか、次の位に移るときが難しくて投げだしてしまうのは、棒暗記的に数唱をおぼえても、10進数の原理まではわかっていないことを示している。逆にいえば、こうした原理を大人が意識的に教えることは少ないから、途中からでも自在に数えられる例では、いつしか10進記数法を自得したのであろう。この自得に自覚をともなうことは少ないから、子どもの1をきき10を知る能力は、決して軽視できないことがわかる。

途中数えは、21から始めるより28からのほうが難しい。25から数える課題の次に飛んで68からなどもとまどいの種になる。10からの逆唱ができても、37からの逆唱は難しい。ただの数唱のようでも、やり方により難易度はこのようにわかれる。内発的動機づけの原則によって、やさしい段階の数唱に習熟したら次に進むとよい。数唱ゲームは何の用具もいらず集団でもできるから、いつでも試みることができよう。１００までの範囲で、どの数からでも自在に順唱も逆唱もできるようになったら、10進数の組み立て方が感得されたといってよい。こうなれば、１００以上の数にもスムーズに延ばしていける。

さらに、記憶範囲を使って、数系列の規則性を感じとっているかどうかを確かめることもできる。記憶範囲（メモリースパン）とは、一度に記憶できる量を意味し、たとえば、いくつかの単語や数などを口でいわれた直後に正しく繰り返せるか、という方法でテストする。記憶範囲の大きさは、幼児期には年齢または年齢プラス1くらいがふつうである。3歳児なら、729のような3個の数は復唱できるが、72981のように5個になると困惑という限界がある。年齢と記憶範囲はこういう密接な関係をもつから、よく知能テストの一つの種目として使われてもいる。

4歳児に、7498と2468を復唱させる記憶範囲テストをしてみると、数の組み立てをよく理解している子どもほど、同じ4個の数でも後者の偶数系列を正しく記憶していることがわかる。1357でも同様だ。このような試みをすれば、自然数の系列規則性をどの程度理解しているか、3〜4歳児の段階でもある程度推測できる。数唱は何でもないようにみえても、うまく使いこなせば、より深い数の世界への導きになる。

幼児期の数といえば、親や保育者が第二に関心をもつのは計数であろう。乳母車の枠にまで色とりどりのプラスチック球を取りつけたりしているのは、そのあらわれである。ここでも簡単なようで、案外奥は深い。たとえば、数え始めの幼児はおはじきの山を1、2、3、4……と数えていき、正しく数えているようにみえるが、最後にいくつあったと聞かれると何も答えられず、またはじめから1、2、3、4……と繰り返すのはよく見受けられる。数える行為とその結果の集合数とが、ともに「数えて」という、どちらともとれることばで表現されていることに一因があろう。もう一つ、幼児では先の記憶範囲とほぼ同様に、一目で把握できるものの数は大体年齢と同じくらいであり、3歳児なら3、4歳児なら4くらいまではすぐわかる。しかし、それを超えた大きな集合になるとはっきりした数という感じが薄くなり、無差別にたくさんという感じになるためもあるだろう。だから、計数を学ぶにもそれなりの準備が必要だ。

3歳児が一目で把握できるものの個数はせいぜい3～4とすれば、おはじき3～4個あたりから計数を始めるのが適切だろう。最初に保育者がモデルを示せば、目でみた個数と数の名前が一致するので理解が容易になる。さらに、数えさせる際の「数はいくつ」という言い方は、誤解を与えやすいのから、「おはじきはいくつ」や「おはじきの数はいくつ」にするほうがよい。ただ機械的に計数のやり方を暗記するのではなく、はじめからそれなりの理解を図るのが大切だ。

おはじきやそろばん玉など、数えやすいものの計数でも、3歳児は指でさすだけの数え落としをすることが多い。保育者がモデルを示す必要があることは述べたが、自由に扱えないものを数える段になると、また難問が立ちはだかる。計数とは、数詞と事物との一対一の対応操作だが、動かせないようなものを数えるには、どうやったらもれなくたどれるかの方略を立てねばならない。試みに、画用紙上に20～30くらいの点を打って数えさせると、5歳児でも容易ではないことがわかるだろう。数えた点にマークし、10ごとにまとめるなどは案外指導されていない。このように指導すれば、10進数の理解にも役立つ。花壇のチューリップを数えるなどはもっと難問だから、こういう準備を整えてから始めねばならない。大人には何でもないことだからと、見過ごすのは禁物だ。

さらに、目にみえないものの数を覚えるという課題もある。隣の部屋の椅子とこの部屋の椅子と全部でいくつというのは、隣で数えた個数を記憶しておき、自室に戻ってその次から数えねばならない。ある作業の結果を短時間記憶にとどめ、次の作業に生かすというのは、かけ算などの計算に始終でてくる大切な知的操作であり、作業記憶と呼ばれている。このようなはたらきの準備も計数課題にはあらわれることに注意しておきたい。

計数については、もう一つ重要なことがある。幼児は似たもの同士は数えるが、性質が大きく違うと一緒に数えることをためらう。数えることと仲間分け（分類操作、カテゴリー化、集合づくりなど何と呼んでもよいが……）には、密接な関係があることは前章で述べた。

幼稚園の計数でよく使われるのは、木の葉集めをして数えるというものだが、そこにもう一工夫するなら、たとえば集めた葉を円いものと尖ったもの、さらに緑色と茶色とに分けさせると4種類の仲間分けができる。これらを、たとえば、尖った青い葉だけ、茶色の葉全部というように数えさせると、いろいろな数え方のあることがわかる。ここから、任意の仲間分けをして数える課題に進むとよい。足し算とは、複数の集合を合併して数え直す操作、引き算はその逆操作だから、仲間分け計数に習熟すれば、おのずと計算操作の基礎ができることになる。

ここで、二つの注意を述べたい。木の葉の仲間分けを例にとったが、色も形もはっきり二通りに分かれるわけではないから、子どもに迷いが生まれやすい。自然物を使いたい気持ちはわかるが、計数操作の明確化を目指すなら、やはり適切な教材づくりを心がけねばならない。たとえば、それぞれ青と赤の鳥と魚など、4種類のカードを手づくりすれば十分である。正しく学習を進めるためには、ことばと違い数の習得には適切な教具や教材の準備を欠くことはできない。

第二は、すでに触れた助数詞に注目させ、計数と仲間分けの関連へ内発的に動機づけることを心がけたい。3歳児でも、適当な事物を示し「これは1枚、それとも1本」と問いかけることば遊びは可能であろう。これを糸口に、次第により難しい助数詞の習得に進めばよい。

ここまでくれば、算数学習の準備は大方整ったはずだが、まだ大事な仕上げが残っている。先に説明した「数の保存」の課題である。ピアジェの指摘するように、数の保存は真の理解への試金石をなす。保存課題に成功し、その理由も「元に戻せば同じ」のように正しい論理を使って説明できるなら申し分はない。日本語では数も量も同じく「たくさん――少し」といい、両者の使い分けをしないことも困難の一因になっている。教育場面では、数は「多い――少ない」、量の各次元では「長い――短い」「大きい――小さい」「高い――低い」のような使い分けを、多少の無理は承知のうえで心がけることが大切ではなかろうか。

▼知能とは何か――多重知能説の検討

情操教育とは高い文化的価値に対する憧れや希求の感情を持つことだから、当然文化的価値とは何かを考えねば成り立たない。このテーマと関連する知能の問題を検討し、それに連なる偏差値万能の日本教育の風潮が就学前成育にどんな影響を及ぼしているか、考えてみよう。

進化論を唱えたダーウィン（Darwin, C. 1809 - 1882）の従弟ゴールトン（Galton, F. 1822 - 1911）は、社会調査・心理学・遺伝学・統計学など、広い学問分野に通じていた。その経歴にふさわしく、脳の大きさひいては情報受容の先端をなす感覚の鋭敏さが知能の本質と信じ、この考えにしたがって19世紀なかばに史上初の科学的知能テストを創案した。残念ながら、このテストは実地には成功しなかったので、ほとんど伝わっていない。

彼の名は、むしろのちにナチスドイツによって悪用された優生学の創始者として知られている。人間の優劣は遺伝により決まっているので、できるだけ良質の遺伝因子を残すのがよいという考えに基づき、日本の佐久間象山にまで影響を与えた。彼は当然進化論にも興味をもっていたが、優生学の思想からわかるように、人種の優劣も遺伝によって定まり、肌の色の濃淡によって劣等から高等へと進化してきたと考えていたようである。これは、ゴールトンだけのものではなく、当時のヨーロッパ思想一般の風潮であった。ダウン症はイギリスの小児科医ダウン（Down, J. L. 1828 - 1896）により１８６６年に記載された病名だが、別に蒙古症とも呼ばれていた。ダウン症児の外見が蒙古人種的特色を帯びているのは、劣等人種への退行（先祖がえり）のあらわれと信じられたからである（現在は、人種差別用語としてイギリスでも、このことばの使用は禁止されている）。

さらにヨーロッパ思想には、人間性の中心を知能に置くという伝統が根強い。すると、個人や人種の優劣は、知能によって規定できるという考えが生まれてくる。この考えを実証しようという目的をもって、ゴールトンテストはつくられたようだ。のちにケンブリッジ大学の未開地域調査によく錯視のテストが使われたなどは、その例である（ゴールトンテストにとっては皮肉なことだが、その後のいわゆる未開人種のテストでは、錯視《さくし》量は文明人よりはるかに少ないことが繰り返し見いだされている）。

総括して、知能テストは、人間のもっとも重要な特質である知能を数値にあらわし、個人や人種の価値を優劣の序列として並べようという意図をもってつくられたといえよう。序列化のためには、尺度が複数ではどれを尊重したらよいかわからなくなる。知能テストの結果がＩＱというたった一つの数字であらわされているのは、その意味では誠に自然なことといえる。

実際に効用が確かめられた知能テストは、ゴールトンのあとフランスのビネー（Binet, A. 1857 - 1911）が完成させたビネーテストである。ビネーもゴールトンに劣らぬ多能な偉才であり、その才能を見込んだパリの市当局が、入学前にあらかじめ遅滞児を見分けられるようなテストを求めたのがきっかけだという。ビネーは３年あまりの辛苦の末、20世紀はじめに目的にかなうテストを完成させた。

この経緯から知られるように、ビネーがつくったテストは、たとえば入学年齢に相応する水準に達しているかどうかをみるものであり、今の用語でいう発達テストではあっても、ゴールトンが目指したような絶対的な知的水準を測る知能テストではない。しかし、当時のヨーロッパの思想動向からすれば、知能テストこそは望まれるものだった。幸か不幸か、ビネーテストは遅滞児の選別に大きな効果があることが世界各国で確かめられた。人々が、これこそ待望の知能テストと信じ込み歓迎したのは必然の流れだった。

この信念は、ヨーロッパとは異質とみなされていたアメリカではさらに強くなる。アメリカのスタンフォード大学に在籍したターマン（Terman, L. M. 1877 - 1956）は、いち早くビネーテストの価値を認め、翻案してさらに使いやすいスタンフォード・ビネーテストをつくった。世界各国に普及したのは、本家のビネーテストよりは、むしろターマンのスタンフォード版だったといわれる。彼の知能テストに賭ける情熱がうかがわれるもう一つの業績は、カリフォルニアの英才児追跡研究である。IQ140以上の高い知能の子どもたちが、その後どのように成長するかを追っていったものだが、ターマンの没後も師の遺志を継ぐ弟子たちによって、この研究は半世紀にわたって続けられた。知能心理学史上の金字塔といってよい。

IQ140以上というのは、大まかに1000人に一人くらいの高知能の持ち主ということになる。これらの英才児たちは、その後も心身ともにきわめて順調に成長した。成人期にも、高いIQは変わらず保持されていた。学業にすぐれていたのはいうまでもなく、大学進学率も高く、卒業後も管理職など、高度の職種に就き、大恐慌の時代にも職を失う人はわずかだった。その半数は、全米平均の上位7%以内に入る高所得をあげていたという。総合すれば、申し分ない社会的成功を収めたといえる。ここから、児童期のIQは成功の鍵を握る、またIQこそは万能の能力というわゆるIQ神話が生まれることになった。ターマンらの研究もはじめの表題は天才児であった。現在でも、アメリカ映画には、「あの人はIQ200を超す天才」といった表現がよくあらわれるのは、IQ神話が依然として一般社会では根強く信奉されていることをものがたる。

また、知能の人種差について、アメリカではゴールトンの伝統を引き継いで、白人種の知能は遺伝的に優位にあるから高い地位に就くのは当然と、ジェンセン説のように人種差別を正当化する議論が最近まで盛んに行われた。これも、ＩＱ神話の余波といえる。

しかし神話は、実は完全ではなかった。英才児のなかにも、少数だがまったく成功しなかった人もある。その理由は、多く性格的不安定によるものだった。もっとも問題になるのは、多数の英才児のなかで知的な業績により名をあげた人はごく少数でしかなく、それも第一級とはいえなかった。皮肉なことに、ＩＱ不足で英才児の選にもれた人のなかから、ノーベル賞受賞者が二人もあらわれた。俗流神話に反して、高いＩＱは創造性を保証しない。知性は一元的ではないことが示されたのだ。

知能心理学の分野では、ここ20～30年、伝統的知能観への反省と見直しの動きが急速に進んだ。おもな論点をあげれば、知能は一つの指数であらわされる一次元的なものとはいえない。新規の資料の収集が進み、ＩＱの遺伝規定性もかつて信じられていたほど高いものではないことが判明した。知能検査の課題も、西欧的知能観に基づいてつくられた偏りがある、などなどであろう。ＩＱ神話は、西欧中心というかつての狭い世界のなかで、はじめて成立したものといえる。

新しい知能観のなかで異彩を放っているのは、アメリカの優れた心理学者ガードナー（Gardner,

H. 1943－）による多重知能理論であり、定義からして型破りである。彼は、高い文化的価値を具現化する能力を知能としている。従来の知能観では、知性は感情や意志などとは別物とされ、だから性格と知能は無関係とみなされてきた。しかし、ターマンの追跡結果をみると、そのように割り切るには疑問が残る。ガードナーの定義は、こうした伝統的な大枠をはじめから取り払っている。

彼があげている知能の種別は、次の7つである。

❶言語的知能　❷論理数学的知能　❸音楽的知能　❹身体運動的知能
❺空間的知能　❻対人的知能　❼内省的知能

このうち、最初の二つは説明不要であろう。ガードナーが、従来の学校教育では、この二つがとくに尊重されてきたと述べている点は注目してよい。

あとの5つについては、多少の注釈が必要である。❸音楽的知能の内容は、やはり説明不要であろうが、ガードナーはこの知能は、構造的には言語的知能とほぼ対応しているのに、従来一方を知能、他方を才能として区別してきたのは意味がないと批判している。ここには、彼の独自の知能観がよくあらわれている。❹身体運動的知能も自明だが、ガードナーはふつうに理解されるダンサー・俳優・スポーツ選手など以外にも、工芸家・外科医・工学者・機械工・技術職など広い範囲にわたって必要な能力としている。❺空間的知能は、これらに比べて常識的ではないが、広い空間のパターンを認識して操作する能力だという。典型的には航海士やパイロットに有用だが、もっと狭い空間範囲にも適用され、彫刻家・外科医・棋士《きし》・デザイナー・建築家などにも有用という。

❻と❼は、ガードナーのリストのなかでも、ひときわ特異である。❻対人的知能とは、読んで字の通り、他者の意図や要求などを理解してうまく協調する能力、また❼内省的知能とは、自分自身を理解する能力を意味する。❺までの各タイプはある程度は周知であり、学校教科にも取り入れられているのに対して、❻と❼は社会性や性格の一種――知能とは無関係とみなされ、また対応する学校教科がないという点でまったく新規といえる。

❻の能力は、教師・医師・宗教や政治指導者、また俳優やセールスマンなどに必要な力であり、❼の能力は、自己の欲望や恐怖・能力・目標などを自覚し、それらを自己生活コントロールのために効果的に使う力だという。この力はすべての人に必要なことはいうを待たないが、筆者の考えでは宗教者・精神医・カウンセラー・教師などには、ことに重要であるように思われる。こう

きけば、今まで無視されてきたこの二つの能力が、現在の教育危機を救うためにどれほど必要とされるかが知られる。

だからこそ道徳教育の強化が叫ばれているのだと、ただちに反論があるだろう。しかし、先にふれたようにいわゆる道徳観念——というより社会規範は、非行児にもよく認められる。道徳教育は、近年文部科学省の『心のノート』のように、いろいろ工夫はしているものの、本質的には変わらぬ道徳観の注入主義に終わっている。社会規範の教示は、何も学校だけの役割ではなく、二重手間のおそれもある。必要なのは見かけの道徳観念ではなく、真の道徳性である。それを養うのは、上記❻❼二つの知能であろう。

ガードナーは、近年この7つの知能に、さらに博物的知能と実存的知能を加えることを提唱しているが、多重知能を理解するには、以上で十分であろう。問題はしかし、思いつきだけならこのリストにいくらでもつけ加えることができそうだという点にある。こうした知能の存在の根拠は、どこにあるだろうか。

ガードナーはこれに対して、これらいろいろなタイプの知能にとくにすぐれた人がいること、こうした才能は比較的早期にあらわれるから、確かな発達的基礎をもっていると考えられること、脳損傷により各タイプの知能が選択的に侵される事例があり、各知能を支配する個別の中枢が想定されること、ヒトの独自な進化史のうえで大きな意味があると考えられること、などいくつかの条件をあげ、個々の知能について慎重に検討を行っている。

ガードナーの説からは、どんな示唆が得られるだろうか。第一は、いうまでもなく知能一次元説の否定であり、その意味で序列化よりは個性や独自性を尊重する必要性である。現在の日本の教育には、偏差値による個人や大学の序列化の傾向がきわめて強く、反面独自の個性尊重はかけ声だけに終わっている。ここに詳しく述べるゆとりはないが、偏差値はＩＱの拡張から生まれたといってよく、同じ問題点をはらんでいる。

たとえば、性質の異なる課題や教科の成績を、同じ能力によるものとみなして平均してしまう点は、両者に共通している。つまり、個性的能力を認めないという原則は同じである。また、偏差値重視を続けるなら半数の生徒は、常に敗残者の側に置かれるという帰結も忘れてはならない。子育て困難の時代、それに拍車をかける偏差値競争はおろかなこと、それでどうして意欲などを説くことができるのだろうか。国際比較では学力は多少上がったといわれるが、勉学への興味や意欲は、依然低いと伝えられている。勉強的努力主義は、もう限界にきているのだ。子ども一人ひとりが、その個性的才能によって尊重される社会を目指さねばならない。

第二に、偏差値主義からはまた、学力を測るのに中心となる教科群があると信じられてきた。

一次元化のためには、いくつかに絞れれば能率がよい。儒教的努力主義もこれに拍車をかけた。ガードナーは、言語的知能と論理数学的知能が学校教育では一方的に重視されてきたと述べているが、これは西欧的知能観の産物だろう。一方、日本のいわゆる主要5教科は、近代化という名の西欧化を達成するために重要と考えられたものだろう。中国・韓国など、儒教文化圏ではやはり偏差値重視傾向が強いが、おそらく同じ理由による。しかし、日本は今や中進国ではなく主要先進国とみなされている。ただ学び取るという学力ではなく、独創性や個性を中心に据えた別種の学力が求められている。また、半数の敗残者をつくる競争主義から抜けだして、それぞれの子どもが個性的能力によって評価され尊重されるような教育体制をつくらなければ、今の教育混迷状況は深まるばかりであろう。そのためには、また教科の価値評価の偏りが是正されなければならない。たとえば、対人的知能や内省的知能を養うには、今まで問題にされなかった演劇や囲碁・将棋のような科目を新しく教科に取り入れる工夫が必要とされよう。

多重知能説は、情操教育の目標となる高い文化的価値とは何かを教えるところが大きい。多重知能はまた、比較的早期にあらわれるという。そこから就学前の成育にとって、きわめて重要な第三の示唆が生まれる。偏差値主義を超える個性と情操を育てるためには、就学前期こそむしろ適期ということになろう。城戸のいう国民教育の基底部門という構想は、今なお検討を待つ新鮮な課題としての意義を失っていない。

▼生活技術から「生活技能」へ

最後になったが、城戸が遺した生活技術の教育にふれておこう。衣食住は、人間の生活にとって永遠の基本要素であり、それを支える技術や技能も、また永遠といえる。かつての停滞期日本のような社会では、こうした技能の有無が人の一生を左右したから、幼少期から生活技術の習得が望まれたのは当然である。高度成長期までは、生活技術に慣れ親しむことが、就学前の成育にとっても重要な課題だった。フレーベルの恩物にもそうした配慮がうかがえるし、モンテッソーリはローマのスラム街の子どもの治療教育が出発点だっただけにことさら熱心であり、基本的調理技能の習得を目標の一つに数えていたようである。

当然なことだが、このような技術は貧しい階層ほど必要度が高くなる。モンテッソーリ方式はその例証であるし、アメリカ大恐慌時代に育った女性は家事に熱心な人が多いなどの追跡研究結果もその意味で興味をひく。城戸は託児所や保育所の教育に熱心だったから、この面に力を入れていたのは、これまた当然といえる。反面、幼稚園教育ではこのような配慮がほとんどみられないのは、上層志向というその起源からくる必然の結果といえよう。

経済的に成熟期に達した現在の日本では、大人の衣食住にもそれらしい変化があらわれている。使い捨てや外食・中食《なかしょく》の時代、素朴な生活技術は衰えるばかりのありさまである。一人暮らしの若者には、男女を問わず、お鍋も裁縫道具ももっていないという人が増えているという風評もきく。このような情勢は、当然保育所にもさまざまな影響をおよぼしている。とくに最近は、食育が改めて問題になってきた。

アレルギーは、社会的過保護の産物としてまだ止むを得ない点があるが、ひどい偏食は困った問題だ。筆者がアドバイザーを務める保育所でも、最初はほとんど給食を受けつけないという子どもがめずらしくなくなった。ある事例では、親の過保護と手抜きが重なり、朝から甘いお菓子を飽食しているので、ふつうの給食は味覚にも合わず、お腹もすいていないので食べようとしない。これが2か月以上も続いた。ようやく親と面談の機会を得ても、今までそうしてきたからと親が問題を感じていないのにはとまどった。きけば、親もほとんど調理はせず、ほぼ中食品に頼っているという。

こうなれば、保育所だけで食習慣の矯正を試みるよりほかはない。少しでも給食を食べたら、大げさなくらいほめることにした。味覚には本能的に自己拡大する傾向が強いから、こんな仕方でも次第に給食になじんでいき、半年ほどでほぼふつうに食べられるようになった。

子どもの偏食は、努力すれば保育所限りでも矯正はできるが、親の考え方はさほど簡単に修正できるものではない。だからこそ食育が新しい問題になるといえるが、むしろ社会一般の安易な食習慣の反映という面が大きい。経済成長のいき過ぎであろうか。

しかし、たとえば地球温暖化などの障壁を勘定に入れると、無限の経済成長は夢に過ぎないといいたくなる。政権不安定とポピュリズムの時代、政治家が性懲りもなく金融緩和と公共投資による経済成長という人気取り政策を説くのは無理もないところかもしれないが、次世代へのつけをあてにして、はかない夢を先売りするのはもうやめにしてほしい。飽食時代のつけは、幼児偏食というささやかな反乱により支払われていることを思うべきである。次世代つけ回しが、実力以上の過剰消費を招き、堅実な生活態度や原初的な生活技術を衰弱させている現状は、健全な子育てとは両立しない。

それでも当分は、経済成長ポピュリズムの時代が続くのだろうが、人々は次第に等身大の生活への回帰は避けられないことを予感し始めているのではなかろうか。こういう時代、生活技術の教育も新しい目での見直しが求められる。生活技術は永遠のものだからだ。

といって、社会が格段に複雑化した現状では、調理や裁縫のような昔ながらの素朴で原初的な生活技術を説くだけでは足りない。筆者は、生活技術を「子どもがその発達環境と有効また適切に相互交渉できる技能」と定義し直し、名称も「生活技能」と変えたい。こうすれば、素朴な生活技術をも包摂《ほうせつ》できる広い技能が視野に入ってくる。

生活技術というと、単純で定型的な行為がイメージされやすい。たとえば、掃除の仕方・包丁の使い方・ボタンつけなど、せいぜい作物の栽培や道具の自製といったところだろう。これらの技能の価値が消えていくことはありえないが、現代の社会生活ははるかに複雑になっているから、すべて自製するのは容易ではなく、作物の種子や工具を手に入れるのさえ、どうすれば目的にかなうものを買えるのかなど、流通機構についての知識が必要になる。今の子どもにとって、多少とも高度の生活技術の習得は、大人の指導を待たなければ達成できない課題になっている。

発達環境の中心は、あくまで人間関係にあることは前述した。自然環境などということばが気軽に使われているが、それらも子どもを取り巻く大人の関心やはたらきによって、はじめて視野に入ってくる。キノコ採りのような自然の恵みからくる生活技術も、祖父母や親などの生活領域に入っていなければ、自生している場所をみつけることさえ至難《しなん》の業《わざ》である。素朴な生活技術ですら、大人の仲介によってはじめて習得される。このように考えてくると、一見奇異にみえても再定義が必要になることが理解されよう。

そのように定義すると、生活技能にもすべての子どもに一様に必要な普遍的なものと発達環境によって変わる独自なもの、大まかに二通りあることが知られる。たとえば、コミュニケーション技能は、前者の代表例だ。基本的生活習慣のしつけも、本質は社会生活を円滑に営むための生活技能にあり、その意味では未熟と偏りの危険をはらみながらも何とか存続するだろう。

これに対し、変わるものとは何か。もっとも基本的な生活技術と思われてきた調理ですら、先の例のようにほとんど放棄した家庭もある。料理や食事後の片づけの手伝いは、食への興味を養い、調理技能の土台をつくり、ひいては偏食を防ぐなど、さまざまな発展の道を拓《ひら》く。かつて自営業の多かった時代には、各種の生活技術習得は将来の職業生活にまで通じる道だった。

今はどうか、依然として家庭料理を大切にする家族が多数を占めていると思われるが、このあとはどうなっていくのかわからない。まして、調理よりは日常性の低い生活技術は、家族ごとの変化がさらに大きくなるのを避けられない。掃除・洗濯・補修など何をとってもそうだ。生活技術は、調理の例にみたように、さまざまな価値が派生していく源にもなっているのだが、価値観多様化といわれる現代の風潮は、ここにも起因しているのだろう。

こうみてくると、現状でも基本の生活技術は家庭というマイクロシステムのなかで習得され、新しい価値を生んでいく。一方、家族の地位や状況によって、生活技術の種別や重要さの度合いは大きく変動するから、一様性を求めるのはますます困難になるだろう。しかし、こうした変異の拡大は、社会規範の衰弱を招くというマイナスの側面とともに、しつけの項でも述べたように子どもに新しい個性や独自性を育てるというプラスの側面をもつ。

そうならば、幼稚園や保育所にとっては、かつて小規模保育の時代にモンテッソーリが実践し、城戸が構想したような基本的生活技術の直接の教授や学習は、現状では本道にはならない。むしろ「気になる子」の域にまで進んだ厳しい未成熟のケースを除き、生活習慣の破たんを防ぎ、規範のほころびを補修するサポート役にまわることが大切ではなかろうか。先の偏食矯正事例は、このようなあり方を示していた。

しかし、ここで打ち切りにするのではなく、もう少し視野を広げて発達環境としての幼稚園や保育所の役割を見直してみよう。子どもにとって、家族はほぼ対面的相互交渉の場であり、典型的マイクロシステムとしてはたらく。だからこそ、生活技術習得の場にふさわしい。幼稚園や保育所は、内向きにはマイクロシステムだが、外向きにはほかの地域組織と交流を図ることのできるメゾシステムとしての役割をもつ。幼稚園や保育所を地域の子育て支援センターにという声があるのは、その例証である。筆者の通う保育所は地域の高齢者との交流の場を設けよろこばれているが、このような関係を開拓すれば子どもの成長にさまざまな寄与がもたらされるだろう。

東京一極集中のいき過ぎが指摘される現状を考えると、大小を問わず日本全体の地域社会がもつ独自性はもっと尊重されねばならない。ここでは、家族などマイクロシステムの場合に比べ、一様性より独自性の価値がはるかに高い。すぐれた地域文化の吸収は、子どもの個性尊重につながる道だろう。また、地域独自の社会経済的職能への親しみは、生活技能としての意味が大きいかもしれない。それらの点で地域社会の文化的行事に参画することは、メゾシステムとしての幼稚園や保育所の大きな役割になっていくのではなかろうか。今後の検討課題としたい。

終章　子育て立国に向けて

短期・中期・長期政策を組み合わせて息長い方策を

▼子育て政策に望む

２０１２年末、「想定外」の衆議院解散総選挙は自民党の圧勝に終わった。新内閣が成立するはるか前の選挙中から、早くも金融大幅緩和と公共投資拡大による景気回復がはやされた。こうした強い追い風はどこから吹くのか、前民主党政権の不手際が拍車《はくしゃ》をかけたことは疑いない。寄り合い所帯の民主党政権は、自民党一党支配打破の一点に結集はしたものの、ときとともにほころびが目立ち、あまりの未熟さと統一性の欠如には、誕生時の期待とうらはらの失望感もまた大きくなった。選挙結果は、自民党回帰というよりは、過去の慣れからくる安心感や期待感への回帰ではなかろうか。自民党首脳ですら、民主党の失点のおかげが大きかったことを認めている。

新政権の金融緩和政策にも、禁じ手を使えばもろ刃の剣という厳しい批判が投げかけられたし、アナウンスメント効果が長続きするのかという懐疑的な意見や、もう手遅れという悲観論まで飛びだした。相変わらずの財政出動頼み、国債発行枠も改廃された。先進国の経済情勢はどれも似たようなもの、禁じ手でも何でも局面打開のためやるほかないのかもしれない。それが世界中の金あまりにたまたま結びついて株価浮揚をもたらしたが、本ものになるかどうかはこれからの努力と運次第というのが本当のところだろう。

自民・公明連立新内閣への好評にも疑問符がつく。政権交代直後にはいつも新内閣への期待度は高く、次第に落ちていくのがここ何年もの通例である。はじめはよくて半年後には低落なら、毎度毎度の「いつかきた道」堂々巡りに陥り、いよいよ出口がないという閉塞感がことに若年層に深まることに懸念を拭いきれない。

しかし、本書は政治談議が目的ではない。このような政治状況には、根深い背景があり、それが子育て政策にどんな影を落とすのかを考えてみたいのだ。サルは木から落ちてもサルだが、政治家は落ちればただの人とは誰かの名言だそうだ。今回の選挙を通じていっそうよくわかったのは、一人ひとりの議員にとっては、自身の当落こそ唯一最大の関心事ということだった。選挙目前に生き残りのための新党が続出し、互助会づくりのためならかねての主義主張も軽々と打ち捨てるなど、票のためなら何でもやるという風潮がこれほど際立ったことはない。当選しなければ何もできないからという言い訳に一理なしとはしないが、それ自体が目的となっては政治家の何を信頼したらよいのだろうか。違憲状態の選挙区割の修正や政治資金規正法の抜本改革などは、恐らくいつまでたっても先延ばしのままだろう。

結果論だが、そのあげくの小党乱立が自民党圧勝の最大要因となった。自民党の議席獲得数は定数480中の294だが、内訳は小選挙区237、比例代表62となる。しかし、小選挙区での自民党の得票率は43%に過ぎず、とうてい過半数を代表するとはいえないのに議席獲得率は79%におよび、実力の2倍近くの議席を得たことになる。小差で競り勝ち、また乱立の恵みを受けたケースがいかに多いか、よくわかる。

目を比例代表に向ければ、ここでの得票率はわずか28%、議席獲得率も32%とはるかに下がる。これは、自民党大敗といわれた2009年選挙時の比例代表の得票率27%、議席獲得率31%とほぼ等しい。実質的な自民党の支持率は比例代表の得票率がよりよく示すと考えられるから、大敗時も圧勝時も変わっていないといってよい。小選挙区における実力2倍の議席数獲得という現行選挙制度の振幅の大きさが、新政権のもろさを覆い隠していることは否めない。

これは、恐らく多くの自民党議員にも自覚されているのではなかろうか。自己議席第一主義からすれば、次の選挙まで移ろいやすい人気を何としてでもつなぎとめておかねばならない。支持者に歓迎されない言動は、かりそめにも表にあらわしてはならないし、逆に注文があればできるだけ果たすように努めねばならない。その結果は陳情と御用聞き政治の復活であり、族議員が再びはびこることだろう。新聞報道では、すでに自民党本部は陳情団体で大賑わいという。たぶん幼稚園族・保育所族も、急速に元に戻るだろう。

ポピュリズムへの拍車が自民党政権の第一動向とすれば、第二の問題は、膨れあがった議員の総意をどのようにまとめきれるかにある。自民党は派閥という巧妙な組織体制によって、この難題を解決してきた。派閥の領袖《りょうしゅう》が自己の派閥の意見を代表するという形で、多数意思を少数意思に置き換えてきた。圧勝によって、自民党の派閥は急速に勢力を盛り返し、陳情政治がこれに輪をかけている。新政権も抜かりなく、派閥に目配りをした。しかし、さすがに派閥政治からの脱却を主張する新しい勢力も興り、ことがあれば、総意をまとめるのは容易ではなくなる。多数を維持するためには、民主党政権の四分五裂《しぶんごれつ》を反面教師にして、異論の起こりかねない政策課題は、できるだけ回避することになろう。

以上の観測が正しいとして、今後の政策動向を占ってみよう。自民党内に意見の対立があって総意の結集に手間取り、また陳情や要望が薄いか割れているような問題ほど先送りされ、逆に対立は少なく選挙民の要望や陳情に応えやすい問題ほど優先されると予測される。この双方の条件がともに推進方向を兼ね備えているのは、震災復興予算の増額、財政出動による公共事業の拡大、金融緩和によるインフレ目標政策などであろう。一方、双方に阻害条件が多い環太平洋経済連携協定（TPP）への参加、高齢者医療費負担増、農家戸別所得補償の改廃、普天間基地移設などはおそらく先送りの代表となるのではなかろうか。

では、子育て政策——もっと大きくとらえれば教育政策はどうか。これらは、経済諸政策に比べれば一般的な関心は高いとはいえない。というより、経済政策が目前の利害に大きくかかわるのに対して、教育問題はより長期的課題をなす。行動経済学の示すところでは、人間は目前の利害に比べて1年後の利害ですらはるかに低く見積もるという。進学問題はたしかに中流階層の父母にとっての大問題ではある。関心そのものが低いはずはないが、緊急度は高くないうえに多数の一致した要望があるわけでもない。その点で推進力が強いとはいえないが、一方党内に異論があるかといえば強い反対は予想されない。反論は、むしろ自民党の外にある。だから、首脳部の意欲が高ければ党内では推進の方向にいくはずであり、早くも教育再生実行会議の設置が伝えられている。その勢いは中程度といったところだろう。

子育て政策も同様であろう。かなりの推進力があるとして、具体的には何が提案されているだろうか。この時点では、6・3・3・4制の見直し、幼児教育の無償化、5歳児就学制など断片的な情報が漏れでているだけで、全体像ははっきりしない。幼児教育の無償化は、幼稚園だけではなく保育所も含むといわれている。無償化は基本的に望ましいことだが、その財源問題が論議され、さしあたりは5歳児のみに限ってはという提案のもと5歳児就学案が浮上しているようだ。これは先に述べた四六答申における幼児学校構想の再現のようにもみえるが、その挫折経緯などは考慮されているのだろうか。また、ようやく財源措置一本化が決まったはずの「認定こども園」制度との整合性はどうなるのかなど、さまざまな疑問が浮かぶ。

これらは、いずれも今後の子育て政策を左右する問題に発展する可能性をもっているだけに、くれぐれも慎重な検討を重ねて、完成度の高い成案を得てほしいと切望する。たとえば、当初の認定こども園は、つじつま合わせの色が濃く、理念は見えなかった。本書でも厳しく批判した理由である。政治家や官僚の責任は、なぜ、何のために、何を目指して就学前保育・教育制度の改革と充実を行うのか、広く誰にもわかるように説明し、具体化する道筋を明確に示すことにある。それこそが、本当に子育て困難状況と少子化問題を解決し、持続可能な社会をつくる道に通じる。自民党内の族議員やその支持団体を満足させるだけでは、やはりつじつま合わせに終わる恐れが大きい。いざ実施に移そうとしたら、そこでさまざまな党外の障壁に出会うことになるだろう。

それにつけても思うのは、子育て政策のようなきわめて長期にわたり、また基本的な課題を政治的にどう処理すべきか、このあたりで政治姿勢の転換が必要ではないのか。自民・公明党も民主党も、幼保一体型の施設をつくろうという基本方向には大きな差異はなかった。しかし、いざとなると「認定」こども園か「総合」こども園か、「児童」手当か「子ども」手当か、はては「一本化」か「一体化」かなど、それこそ子どもじみたいがみ合いが生まれた。こうした不毛な論争は、もうたくさんといいたい。

各政党に、さほど大きな相違がないなら、子育ては国民的課題として、ぜひ超党派的な組織をつくり、大多数の合意のもとに最善の政策を求めてもらいたい。税と社会保障の一体改革を自公民の三党で行うという見本もある。子育てはそれよりもはるかに重要な課題かもしれない。政権交代にかかわらず、一貫した子育て政策が行われるよう望みたい。

▼保育者の専門性

子育て政策の中心課題はいくつかあるが、さしあたり超党派的合意が得られやすい中期的課題は保育者の養成と待遇の改善ではなかろうか。自民・公明連立新内閣の目玉政策の一つは、官民ファンドの設立といわれ、そのなかに「安心こども基金」への438億円の追加支出が報道された。具体的事業として、保育士資格をもつ人の就職援助のため、「保育所・保育士支援センター」を全国につくり、また無認可保育所などで働く資格をもたない人の資格取得費用の補助金を支給するという。保育所充実のためには望ましいことである。

しかし、筆者の狭い見聞の範囲でも、都市地域では保育士は慢性的な不足状態が続き、就職の手助けが必要とは思われない。不足の最大の理由は、早期に退職する人がきわめて多いからである。事情は、幼稚園でも同様だろう。エデュ・ケア21研究会の仲間の試算では、良心的幼稚園は経営者家族メンバーの献身によってはじめて支えられ、それらのメンバーを除いて計算すると幼稚園教諭の在職年限は3年以下だという。また、保育者不足の地域とは、処遇条件が悪く移動を希望する人が多いことも一因になっているのではなかろうか。

目下の急務は、幼保を問わず就学前保育・教育者の待遇改善にあることがわかる。安心こども基金への追加出資は望ましい施策ではあっても、間接的補助の域にとどまっている。それではいつまでたっても根本的対策にはならないだろう。

では、なぜこの切実な問題が公式に取りあげられることが少ないのだろうか。経済学者の論調はもっぱら経費節減の方向が主力だから、新自由主義時代にはこの問題がタブー視されたのはよくわかる。しかし、いつになっても論議の対象にならないのには、さまざまな理由があるのだろう。

自民党の復権により族議員の勢いが盛り返すなら、幼稚園・保育所を問わず待遇改善の要求は通りやすくなるはずという観測があるかもしれない。しかし、族議員への陳情を行う幼稚園や保育所団体は、いずれも経営者の集まりではあっても、現場の保育者の代表ではない。保育者の待遇改善は、むしろ経営を圧迫する問題とされても不思議ではない。陳情政治のもとでは、待遇改善は二の次になりやすいのが第一の理由だろう。

第二に訴えたいより重要な理由は、保育者の専門性軽視の風潮である。先に、ある経済学者が普通の母親ができることに対して、とくに難しく資格を考える必要はない旨の発言があったことを紹介した。専門の研究者にも、保育者の第一の資格は真心で子どもに向き合うことにある、技能や知識は二の次という人もいる。

しかし、その人たちのみている子どもとは、子ども一般なのだろうか。家族環境や経済的に恵まれた子どもが順調に成育するのは当然すぎることであり、とくに自覚された技能や知識は必要がない。本書ではそうした条件に欠けている場合、どんな問題が起こるかを説いたつもりである。恵まれた子どもが、とくに配慮を必要としないからといって、その状況を無制限に適用してはならない。むしろ、底辺の子どもにこそ焦点を当てるべきではなかろうか。

子どもに真心で接するという心構えは、もちろん何より大切だ。しかし、それは声高《こわだか》に唱えるべき目標だろうか。保育者とは、そのような意欲をもつからこそ、保育の道を選んだ人ではなかろうか。政治家・官僚、研究者、経営者も、それを大切に育てる心構えこそ必要であり、意図に反して精神論だけを保育者に押しつける結果になってはかえって不当である。

第三に、残念ながら保育者自身に自己主張が弱いこともある。若い女性が多く、就業年限が短いことも手伝っているのかもしれない。経営者からも、保育者とは高級子守かという自嘲気味《じちょうぎみ》の批判が漏れることもある。これでは、待遇改善の声が高くあがらないのは無理もない。

直前の二つの章でも説いたように、子育て危機時代の就学前の成育は、これまでみられなかった大きな難関に直面している。今のところは一部の現象に過ぎず、あるいは目立たないからといって軽視してはならない。大都市地域の中高校では、理解に苦しむ社会性を欠いた生徒が急増し、対応や処遇に悩まされている様相については、教員資格更新講習の資料により説明した。小学校では、学級崩壊や小1プロブレムが叫ばれてすでに久しい。これは、就学前の成育が十全にはたらいていない証しといえよう。

新規の子ども——教育問題に対して、高校は中学校、中学校は小学校と、常により前の段階の教育不全に原因を求めるのが、これまた通例である。こうした順送りは責任逃れに終わりやすく、いつまでたっても真の原因解明や正しい処遇の方式の探求にはつながらない。その意味では困った対応といえるが、しかし、事後的に対処する体制の欠陥があらわれていることだけは確かだろう。スクールカウンセラーをはじめ中高に配置していたのは、あと追いだったことがようやく気づかれ、小学校にも配慮するようになったのは、その意味では前進である。本書では、これを治療よりは予防というい方で示してきた。就学前の成育課程は、これまで保育者の専門性軽視と相まって、その成否はほとんど不問のままであった。わずかに小学校側から不満の声が漏れていたが、治療より予防の原則からいえば、今後は徐々に就学前への圧力が強まるのではなかろうか。

しかし、就学前の成育に責任だけを一方的に求めるのは筋が違う。発達段階の特質に立って何を目標にすべきかを正しく設定し、それに沿う成育課程を基本的に見直し、対応できる体制を整備して新しい役割を求めるのでなければ、何の解決にもならない。このことは、取りも直さず、保育・教育者の専門性の確立を意味する。

成育目標や課程についての私見はすでに述べたが、一口にいって、個々の子どもの発達状態を見きわめ、それに適切な処遇を考え、「気になる」特徴を見きわめて落とし穴を防ぎ、どの子にも最低限必要な知識や技能を教え学ばせて小学校進学の準備態勢をつくり、さらには保護者と的確に意思疎通を図り、ときに急性の病変や異常に対処できなければならない。これらの役割を十全に果たすためには、いくつかの必要領域についての学問的素養や技能も要求される。専門性の重要さは小学校以上の学校にも劣らない。その再認識を、とくに政治家・官僚に強く要望したい。それがなければ、保育者の専門性は社会常識として容易に普及していくことはないだろう。

筆者は、就学前の保育者の役割の重要性が社会的に認知され、保育者の士気高揚を促すとともに、待遇改善が行われることを中期的子育て政策の最重要課題の一つに位置づけたい。こうしてはじめて国民教育の基底部門が正しく構築され、教育体系全体のひび割れが防がれると信じるからである。

この不況時代にそんな悠長なことをという反論は、あるかもしれない。しかし、就学前保育・教育を怠ったつけは、小・中・高には誰にも明らかな姿を取ってあらわれつつある。そのうえの世代でも、より目立たない形での同一現象——引きこもりが次第に増えつつあるようだ。引きこもりは日本に特有だといわれているが、すでに指摘したように一面は今まで家族が福祉機能を肩代りしてきたことのあらわれである。社会学者の玄田有史氏が総務省の「社会生活基本調査」の資料をもとに算出した資料では、20歳以上59歳以下の学生を除いた年齢層で未婚で無業、しかも家族以外一緒にいる人がいないという人々が１９９１年には85万人だったのが、20年後の２０１

1年には162万人と、ほぼ倍増しているという。こうした社会的未成熟現象の広がりには複雑な要因が予想され、安易に断定してはならないが、筆者にはこれらは、ひとつながりのものと思える。あと追いに終始してきたつけは、次第に膨れあがりつつあり、このままでは社会崩壊の危険すら予想されないではない。

少子化という量的問題だけが騒がれているが、生まれた子どもを大切に育てる努力を怠ってはかえって社会的危機を増大するだけだろう。苦しいときほど根本的な対策が大事なことは、戊辰戦争に敗れ窮乏に陥った長岡藩が、贈られた米百俵を学校設立の資金にあてた歴史的教訓が示唆している。かつて安倍晋三首相を後継に指名した小泉純一郎首相も、この故事を引いていた。学制改革は百年の大計であり、くれぐれも拙速《せっそく》に流れることのないよう望みたい。

▼保育大学院大学の創立を——子育て立国のファーストステップとして

就学前の成育にも、小学校以上と同等の専門性を備えた保育者の必要を説いた。早急な実現をといいたいところだが、無理なことは誰にも分かる。さしあたり、中程度の幼稚園・保育所に一人くらいの比率で経験・技能・見識に裏打ちされた専門性を備えた保育者が配属され、指導に当たるというのが現実的であろう。この指導者層養成のための国立保育大学院大学の創設は、右の情勢と考え合わせるとき、子育ての短期的政策としては最も有効で適切なものと信じる。

この構想をエデュ・ケア21研究会で披露したとき、同じく看護、福祉の大学院も必要ではないかという意見があり賛同した。東日本震災直後、みな興奮に駆られ首都機能を東北に大幅に移転し、東京大学も移せという議論があったのを思いだす。そんな実現性ゼロに近い提案に比べれば、こちらはすぐにでも具体化できることだ。被災三県に一つずつ設置したら、復興にも何がしかは役に立とう。２０１２年秋の日本子育て学会大会で、被災児たちのその後に不登校その他災害で受けたショックの後遺症――いわゆるＰＴＳＤ（心的外傷後ストレス障害）とみられる、いろいろな問題が出始めたという報告があった。被災児、とくに幼少時に被害を受けた子どもには、息長い支援が必要だ。保育大学院大学は、これらの子どもの後方支援にもなるのではなかろうか。

これについてもう一つの異議は、幼稚園教諭や保育士養成課程には、まだ4年制も普及していない現在、二段跳びのような大学院構想は早急に過ぎるというものだ。常識的には、もちろんその通り、しかし、正道を踏んでいくのでは目標はあまりにも遠くなりすぎる。ここは官僚的思考法ではおよばず、政治家の出番だろう。２％物価上昇目標に比べれば、保育大学院大学など、ものの数ではないはずだ。もし実現するなら、就学前保育・教育の重要性について社会的な再認識を促し、保育者の意欲を高めるメッセージ効果は計り知れないと筆者は考える。自民・公明連立新内閣には、子育て立国を目指すくらいの意気込みで取り組んでもらいたいと切望する。

保育大学院大学創設は、以上さまざまな意味で有効な方策と思えるのだが、具体的な構想がなければ進まない。仮の私案を述べてみたい。

さしあたりは二年制修士課程、定員も1学年あたり50～１００人とし、有効性を確かめたうえで他地域にも同様な大学院設置を進めたらよい。入学資格として、幼稚園教諭・保育士資格をもち、実務経験3年以上の人を優先し、判定基準には学科試験と並んであるいはそれ以上に実務成績・推薦状・リポートなどの評価を重視する。一般受験者についても、学科試験とともに志望動機や将来の目標などを重視する選考方式を取る。学資は、終了後10年以上の就学前保育・教育施設勤務を条件に免除する。

就学課程は原則として、同一科目の講義と実習・演習を半期ごとに組み合わせ、理念的理解を実習によって具体的に確かめ、さらに実習と講義を重ねることによって、より高い次元の知識と技能習得を促すことを目指す。

この原則を満たすためには、保育大学院大学は単なる大学には終わらず、さまざまな実習と研修施設を併せもつ必要がある。幼稚園、保育所（こども園）はいうにおよばないが、その他にも寄宿制保育所、小規模養護施設、出生から小学校段階までの児童相談所、地域子育て支援センター、養子・里親相談斡旋施設、乳幼児健診施設、発達・成熟状態診断などのテスト開発の研究施設などの併設が望ましい。併設されるこども園は、小学校低学年までの幼小一貫校にできればいうことはない。要するに、保育大学院大学とは、子育ての曲がり角に対応できる就学前保育・教育者の研修機関であるとともに、要望されるであろうさまざまな新施設を運営・検証する就学前保育・教育の総合基地をつくりだす試みといい換えてもよい。

これで概要は終わったが、肝心の教育内容をどう構成すべきだろうか。これは衆知を集めて始めて決まることだから、狭い見解は遠慮したい。代わって参考までに、筆者らがこの10数年来取り組んできたNPO法人「保育：子育てアドバイザー協会」の講習会プログラムを紹介しておこう。これは、筆者が多年二つの保育所でのアドバイザーを務めるうちに、現状保育者の養成課程には十分な科目がないのに、子育て困難時代の保育に当たって、ことさら注意と素養が要求される問題が急激に増えていることを痛感して、そのための補習を目指したものであり、現役の幼保の保育者を対象にしている（子育てアドバイザーという名称は、今や普通名詞のありさまである。この講習会は、うえの目的を果たすため、わざわざはじめに「保育：」をつけている）。

講座は五つの科目から成る。第一は発達精神病理学を含む発達心理学、第二は小児保健衛生、第三は発達障害児の理解と対処、第四は家族カウンセリングを含む家族問題、第五は文化と子育てであり、この柱に沿って、年間約15の講習会を行っている。

これらのうち、第三と第五はいささかの注釈が必要だろう。まず第三の科目だが、日本では「発達障害」は自閉系の広汎性発達障害の意味で使われることが多く、アメリカにおける定義やまた普通に理解されている、「早期に発症し生活上の支障が大きいため生涯にわたる支援が必要な児童」という意味とズレが生まれている。広汎性発達障害はたびたび指摘したように、現在おそらく急増しつつある新しい社会的問題という点で人目を引くことは疑いない。しかし、広い意味の発達障害には、幼稚園や保育所で受け入れるべきその他の障害が含まれる。比較的多いものとして、ダウン症その他の知的障害、重症な遺尿・遺糞・チックなどの障害（ときに神経症）、愛着障害などがあり、これらについても十分な理解が必要であり、ひいては「気になる子」にも通じていく。この講習会では、広汎性発達障害だけではなく、その他の発達障害をも対象としている。

第五の科目は、よりわかりにくいが、子育ては一つの文化としてはじめて成り立つことはすでに述べた。現状ではそれがあまりにも忘れられている。とりわけ、私たちが誇りにしてよい子育ての文化的伝統をもっていたことさえ霧のなかである。この問題は、今や迂遠《うえん》なこととみなされているが、それでは子育ての本当の意味を理解することもできない。伝統を省《かえり》みて誇りと自信を取り戻す必要が、この科目を取りあげる第一の理由である。

しかし、いたずらな自国の子育て文化礼賛だけでは、お山の大将で終わってしまう。異なる子育て文化についても、ただ異質とか風変わりと決めつけるのではなく、そこに潜む固有の価値観をできるだけ理解し、受け入れる気持ちをもつことが大切であろう。

その意味で、より差し迫るのは、保育所にいつの間にか外国人児童が増えているという現実だ。私は中規模の二つの保育所のアドバイザーを務めているに過ぎないが、それでもこの15年ほどの間に片方の親が外国人というケースを含めて、中国・韓国・アメリカはいうにおよばず、イギリス・インド・フィリピン・イラン・ブラジル・インドネシア・バングラデシュなど、さまざまな外国人児童に出会った。これらの子どもを二つの保育所は進んで受け入れ、保育者は日本の子どもとまったく同じように外国人の子どもを扱っていたのが印象に残る。外国人児童も、すぐに慣れていった。ことばは通じなくとも気持ちは通じていく。まさに、体験的な文化理解と相互受容だった。適応上の問題を訴えるケースもないではないが、多くは軽微にとどまり、保護者との話し合いもスムーズなことが多かった。

これには、家族と保育所双方の努力があるのはいうまでもないが、もっと大きいのは子どもたちの態度だったかもしれない。子どもたちは、保育者の示すモデルをすぐに受け入れた。多くが外国人児童を仲間として認め、同等に遊び相手になり、いさかいも起こし、しかし、子どもにできる支援活動をも何気なしに行っている姿をみるのは感動の思いだった。

国際理解と叫ばれはするが、多くはグローバリゼーション時代の海外進出という功利的・経済的目的のために論じられるのが常である。それだけでは、あまりにも底が浅い。本当の国際理解は、人間同士の相互理解に根差すものでなければならない。何年かのち、保育所や幼稚園で交流を深めた人材が活躍するときもくるのではなかろうか。就学前保育・教育施設こそ国際理解のホープだといいたい。

以上の体験は、一個人の狭い見聞の範囲でも、事実上の移民がなし崩しに進行していることを物語る。それにつけても、少子化の危機をあれほど声高に訴える政治家や経済学者が、なぜ移民政策の可否を毛筋《けすじ》ほども公式には論じようとしないのだろうか。問題が簡単ではないことは誰しもわかるが、このありさまはほとんどタブーに等しい。戦前日本の一民族一言語という神話が、いまだに生き残っているのではと疑わしくなる。

もし、日本に育つ子どもは誰でも健康に順調に成長できる、という評価を、それこそ国際的に勝ち取ることができたなら、移民政策の糸口も開けるであろうし、日本の平和主義も本当に信頼されるに違いない。子育て立国というのは、そこまでを視野に入れた主張である。政治家の真剣な検討を、ぜひとも望みたい。

あとがき

まえがきを書いていたのは、この先どういう情勢になるか、いろいろ観測が乱れ飛んでいるころだった。それから半年以上のときが流れ、すでに自民・公明連立新政権の時代である。もはや、民主党政権の話題は、夢物語のありさまだ。

しかし、東日本大震災は夢物語にしてはならない。本文にも述べたように、被災した子どもたちの支援が本当に必要になるのは、これからであろう。同じ災害や不幸は、阪神・淡路大震災を手はじめにさまざま思い浮かび、連想は果てしもない。ついには、原爆や敗戦に至り、さらに歴史を遡《さかのぼ》ることになる。これら無数の災害と不幸は正負両面の影響をもたらすが、そのマイナス面を乗り越えることができたとき、はじめて真のやさしさと助け合いの途《みち》へ到達できるのだろう。

忘れないことは、人間の現世主義を救うための徳目になる。政治家や官僚は、「上から目線」の道徳教育を好むが、地に足の着いた道徳性を子どもに根づかせるには、むしろ〝忘れないこと〟の大切さからはじめるほうが適切かもしれないなどと、あらぬことを考えてしまうこのころである。

東北の大震災からもう一つ思いだすのは、いささかの類縁《るいえん》があって、かつて法事のために岩手県の水沢を訪れた折のことだ。時間にゆとりがあり、「後藤新平記念館」に立ち寄った。後藤のことばとして、「人のお世話にならぬよう　人のお世話をするように　そして報いは求めぬよう」が掲げられていた。東北人らしい素朴だが何とも味わい深い標語として心に残っている。日本的な自助と共助一体の精神を端的にあらわしているように感じられたからだろう。

本文中の何か所かで、自立や自助の心構えが大切と書いてきた。補助金さえもらえれば、それで満足というのは、あなた任せの自己責任放棄に通じやすい、それでは困る。自分の問題は自分のできる範囲で解決のため最大限の努力を尽くし、限界はどこにあるかを突き止めたら、社会に訴えかけるなど解決の足場をつくることが肝要、それを自助と呼びたかったからにほかならない。保育界も、ただ個々の団体がそれぞれの陳情に終わるのではなく、協働して就学前の成育の意義を訴え、実績を示して、努力に対する正当な対価を求めるのが本筋ではないか、そういう思いもあった。一言で、後藤新平の心構えが大切といいたい。

ところが最近、福祉の世界にも「自助・共助・公助」ということばが、はやっているという話をきいた。このことばは、もともと防災の心構えを説いたものときいていたので少々驚いた。子育てについてはどうなのかをその人にきくと、自助とは自分のお金を支出すること、共助は近隣をはじめとする地域社会の助け合いに頼ること、公助はそれで足りないところを公費で賄《まかな》うことだという説明をしてくれた。この説明がどこまで正しいのか、そもそも誰がどのようにして、いついいだしたのかはっきりしないので、これ以上は論議にならない。

しかし、ことばは巧みだが何となく腑に落ちない。近隣や地域での助け合いは、火災のような非常時には当然はたらくものと期待したいが、キティ・ジェノベーゼ事件で言及したように、現在の都市化地域では、おそらく次第に望み薄になりつつあるのではなかろうか。まして、子育てともなると、はたしてどうか、社会をあげての取り組みがなければ、ほとんど期待はできない。お金の問題となればなおさらだ。公費頼みはできるだけ節減という、巧妙なキャンペーンかと疑いたくなる。ことばのうえだけではいかに巧みないいかたであっても、解決にならないどころか、かえって問題の所在を覆い隠すことになりかねない。

公費とは、結局は税金の別名である。天から降ってくる授かりもののように思ってはならないだろう。政治家も、選挙のときだけの国民主権はもうやめにしてほしい。自助と共助の努力とは、自己の税金の使途を最大限に生かすことにほかならない。赤字国債の発行も限界に近づきつつある現在、公費を配分する側も、受ける側も、ともに後藤の標語を心して内省すべきときではなかろうか。

こう書くのは、精神論を説くつもりではない。激変の時代、子育ての曲がり角は、いよいよ急峻の度を加えているようにみえる。社会をあげての見直しが求められているのではなかろうか。本書がそのため多少とも役立つよう、願いを込めて筆を擱《お》く。

平成25年3月

藤永　保

参考文献

本書は、とくに必要と思われる参考図書は、そのときどきの本文中にあげるにとどめた。それ以外の文献や細かい論文の類は省略させていただくが、日本の幼児教育史や幼保一元化問題については、次の諸著作をおもに参照したことをお断りする。

・川口勇［編］（1968）『就学前教育』第一法規出版
・持田栄一［編］（1972）『幼保一元化』明治図書
・幼児教育改革研究会［編］（1972）『幼児教育改革の動向—世界と日本』ひかりのくに
・藤永保・波多野宜余夫［編］（1976）『幼児の知的教育』チャイルド本社
・城戸幡太郎（1978）『教育科学七十年』北海道大学図書刊行会
・岡田正章・久保いと・坂元彦太郎・宍戸健夫・鈴木政次郎・森上史朗［編］（1980）『戦後保育史』フレーベル館
・藤永保・三笠乙彦［編］（1981）『幼児の教育』講談社
・友松諦道［編］（1985）『戦後私立幼稚園史』チャイルド本社

・藤永保・三笠乙彦［監修］幼児開発協会［編］（1985）『幼児教育を築いた人びと』春秋社
・W・デニス［著］（1991）三谷恵一［訳］『子どもの知的発達と環境―クレーシュの子どもたち―』福村出版

本文中にすでにあげたが、全般にわたる補足もかねて、ぜひ、次の著作をみてくださると幸いである。

・藤永保（2009）『「気になる子」にどう向き合うか―子育ての曲がり角―』フレーベル館

その他、就学前保育・教育について述べたものをあげはじめればきりもないが、中心問題の知的発達とは何かについて、これもぜひ次の2著をご参照いただきたい。

・H・ガードナー［著］（2001）松村暢隆［訳］『MI―個性を生かす多重知能の理論―』新曜社
・鈴木忠（2008）『生涯発達のダイナミクス―知の多様性・生きかたの可塑性―』東京大学出版会

◉著者紹介

藤永　保（ふじなが　たもつ）

［現　職］お茶の水女子大学名誉教授
NPO法人保育：子育てアドバイザー協会理事長

［経　歴］1926年、山口県に生まれる。東京大学文学部心理学科卒業・同大学院中退。東京女子大学教授、お茶の水女子大学教授、国際基督教大学教授、日本教育大学院大学学長などを経て、現職。また、日本発達心理学学会理事長、心理学諸学会連合副理事長、日本子育て学会理事長などを歴任。

［専　攻］発達心理学。とくに言語獲得、パーソナリティ形成、初期環境の影響などに関心をもち、その延長として幼児教育、児童臨床にも業績がある。

［著　作］『発達の心理学』（岩波新書、1982）、『現代心理学（増補版）』（筑摩書房、1982）、『知性をはぐくむ』（有斐閣、1985）、『幼児教育を考える』（岩波新書、1990）、『思想と人格』（筑摩書房、1991）、『発達環境学へのいざない』（新曜社、1995）、『「こころの時代」の不安』（新曜社、1997）、『ことばはどこで育つか』（大修館書店、2001）、『「気になる子」にどう向き合うか』（フレーベル館、2009）。
このほか編著書・共著書・翻訳書多数。

幼稚園と保育所は一つになるのか
――就学前教育・保育の課程と子どもの発達保障――

2013年4月30日　初版第1刷発行

著　者　藤永　保

発行者　服部直人

発行所　㈱萌文書林
〒113-0021　東京都文京区本駒込6-25-6
電話03（3943）0576
FAX03（3943）0567
http://www.houbun.com/

印刷・製本　モリモト印刷株式会社

定価はカバーに表示されています。
落丁・乱丁本は弊社までお送りください。送料弊社負担でお取り替えいたします。

ISBN978-4-89347-175-8 C3037